U0836785

财政部规划教材
全国财政职业教育教学指导委员会推荐教材
全国高职高专院校财经类立体化教材

统计基础习题集

主编　钟新联　张建军

中国财经出版传媒集团
中国财政经济出版社

图书在版编目（CIP）数据

统计基础习题集/钟新联，张建军主编．—北京：中国财政经济出版社，2019.7

财政部规划教材　全国财政职业教育教学指导委员会推荐教材　全国高职高专院校财经类立体化教材

ISBN 978－7－5095－9089－8

Ⅰ.①统…　Ⅱ.①钟…②张…　Ⅲ.①统计学－高等职业教育－习题集　Ⅳ.①C8－44

中国版本图书馆CIP数据核字（2019）第136670号

责任编辑：张　铮　　　　　　　　责任校对：胡永立

封面设计：育林华夏

中国财政经济出版社出版

URL：http：//www.cfeph.cn

E－mail：cfeph@cfeph.cn

社址：北京市海淀区阜成路甲28号　邮政编码：100142

营销中心电话：010－88191537　北京财经书店电话：64033436　84041336

三河市宏图印务有限公司印刷　各地新华书店经销

787×1092毫米　16开　7.5印张　178 000字

2019年8月第1版　2019年8月河北第1次印刷

定价：22.00元

ISBN 978－7－5095－9089－8

（图书出现印装问题，本社负责调换）

本社质量投诉电话：010－88190744

打击盗版举报热线：010－88191661　QQ：2242791300

前言

《统计基础习题集》是财政部规划教材《统计基础》的配套教材，是全国财政职业教育教学指导委员会推荐教材，由财政部教材编审委员会组织编写并审定，作为全国高职高专院校财经类教材的配套教材使用。

该配套教材由单项选择题、多项选择题、判断题、计算分析题和综合模拟试题等部分组成，按《统计基础》教材的章节顺序编写，知识点基本上覆盖了教材的主要内容，能满足学生练习和模拟考试的要求。但考虑到部分学生进一步学习和提高的需要，本配套教材的题量相对较大、部分题目的难度也略有提高，各学校可根据需要进行选择性训练，也可以结合当地的具体情况，设计调查问卷，开展一些具体的问卷调查和分析活动，将理论与实践有效结合起来，以培养学生的定量思维能力、知识应用能力、综合分析能力和实际动手能力。学生通过对教材内容的学习、思考和习题的解答，可以更全面、更系统、更迅速、更准确地掌握教材的内容，提高掌握统计基础知识、应用统计基础知识的能力。本书后附有各章节题目的参考答案或提示，以供读者参考。

本书由咸宁职业技术学院钟新联及湖北科技学院张建军担任主编，本书编写工作的分工情况如下（按章节顺序）：第一章、第四章：咸宁职业技术学院钟新联；第二章：咸宁职业技术学院曾罗婧；第三章：重庆城市管理职业学院黄菊英、宿莉；第五章：辽宁经济职业技术学院佟昕；第六章：广东科贸职业学院张泽林；第七章：山东理工职业学院李文广；第八章：咸宁职业技术学院柯希均；第九章：湖北科技学院张建军。最后由钟新联总纂定稿。在本书的编写过程中，编者尽可能地参考了国内的相关文献，引用了一些好的案例等，在此谨向有关作者诚挚的谢意！

限于作者水平及实践经验，书中内容难免有不足之处，恳请读者在使用过程中给予关注、指出，并将意见及时反馈给我们，以便修订时不断完善。

本书为用书学校任课教师提供了习题答案，如需要可发邮件至 caijingjiaocai@163.com 索取，请注明用书学校、图书版次。

编　者

2019 年 6 月

目　录

第一章

统计与统计数据

一、单项选择题

1. 下列关于数据的表述错误的是（　　）。

A. 数据是对客观事物的符号表示，是用于表示客观事物的规模、水平和质量等素材

B. 数据可用数字、图形、表格、符号、字母等表示

C. 传统数据基本上是结构型数据，即定量数据加上少量专门设计的定性数据

D. 大数据包括了一切可记录、可存储的信号，拥有自己统一的数据分类标准

2. 构成统计总体的基础和前提是要求总体各单位在所研究的方面具有（　　）。

A. 综合性　　B. 同质性

C. 变异性　　D. 大量性

3. 在调查某校 2019 级会计 8 班 50 名学生的学习情况时，总体单位是（　　）。

A. 该班 50 名学生　　B. 该班每一名学生

C. 该班 50 名学生的学习成绩　　D. 该班每一名学生的学习成绩

4. 某公司员工李海军的月工资为 6880 元，则“月工资”是（　　）。

A. 标志　　B. 品质标志

C. 数量标志　　D. 数量指标

5. 随机抽取某公司 6 名员工进行调查，获取其月工资额的数据分别为：6700、5800、6600、5200、9500、7800 元。这些数字是（　　）。

A. 标志　　B. 指标

C. 变量　　D. 变量值或标志值

6. 下列说法正确的是（　　）。

A. 指标必须可量　　B. 标志必须可量

C. 指标和指标都必须可量　　D. 指标不一定可量，标志必须可量

7. 下列指标中不属于质量指标的是（　　）。

A. 全员劳动生产率　　B. 工业产品总成本

C. 职工平均工资　　D. 产品合格率

E. 产品单位成本　　F. 工人出勤率

8. 指标按其反映现象的性质不同，可分为（　　）。

A. 实体指标和行为指标　　B. 客观指标和主观指标

C. 实物指标和价值指标　　D. 数量指标和质量指标

E. 描述指标、评价指标和预警指标

9.（　　）是离散变量。

A. 劳动生产率　　B. 在册职工人数

C. 平均工资　　D. 产品合格率

E. 进出口贸易额　　F. 税收总额

10.（　　）是连续变量。

A. 销售收入　　B. 在册职工人数

C. 生猪存栏头数　　D. 彩电台数

E. 学校数量　　F. 企业个数

11. 一个统计总体（　　）。

A. 只能有一个标志　　B. 只能有一个指标

C. 可以有多个标志　　D. 可以有多个指标

12. 2018 年 12 月 31 日我国进行第四次经济普查时，若以"第二产业、第三产业所涵盖的行业"中的各单位为调查单位，那么所有单位的"从业人数"是（　　）。

A. 品质标志　　B. 数量标志

C. 质量指标　　D. 数量指标

13. 在调查某城市农民工的工作状况时，总体是（　　）。

A. 该市全部农民工　　B. 该市每个农民工

C. 该市全部农民工家庭　　D. 该市农民工家庭户数

14. 调查某市职工家庭的生活状况时，统计总体是（　　）。

A. 该市全部职工家庭　　B. 该市每个职工家庭

C. 该市全部职工　　D. 该市职工家庭户数

15. 下列既属于实物指标又属于客观指标的是（　　）。

A. 进出口贸易总额　　B. 税收总额

C. 粮食总产量　　D. 产品合格率

16. 下列不属于连续变量的是（　　）。

A. 汽车辆数　　B. 房屋面积

C. 粮食总产量　　D. 产品合格率

17. 某班 5 名同学的某门课的成绩分别为 60、70、75、80、85 分，这 5 个数字是（　　）。

A. 指标　　B. 标志

C. 变量　　D. 变量值

18. 调查某班 50 名学生的学习情况，则总体单位是（　　）。

A. 该班 50 名学生　　B. 该班每一名学生

C. 该班 50 名学生的学习情况　　D. 该班每一名学生的学习情况

19. 某企业职工张三的月工资额为 6000 元，则"张三"是（　　）。

A. 品质标志　　B. 数量标志

C. 数量指标　　D. 质量指标

E. 总体　　F. 总体单位

20. 像“性别”、“年龄”这样的概念，可能用来（　　）。

A. 表示总体特征　　B. 表示个体特征

C. 作为标志使用　　D. 作为指标使用

21. 调查某校学生的学习、生活情况，学生“一天中用于学习的时间”是（　　）。

A. 标志　　B. 指标

C. 变异　　D. 变量

22. 统计对总体数量的认识是（　　）。

A. 从总体到单位　　B. 从单位到总体

C. 从定量到定性　　D. 以上都对

23. 统计中的变量是（　　）。

A. 品质标志　　B. 数量标志

C. 标志和指标　　D. 质量指标

E. 数量指标

24. 研究某企业职工文化程度时，职工总人数是（　　）。

A. 数量标志　　B. 数量指标

C. 品质标志　　D. 质量指标

25. 某银行的某年末的储蓄存款余额（　　）。

A. 一定是统计指标　　B. 一定是数量标志

C. 可能是统计指标，也可能是数量标志　　D. 既不是统计指标，也不是数量标志

26. 年龄是（　　）。

A. 变量值

B. 离散型变量

C. 连续型变量

D. 连续型变量，但在应用中常作为离散型变量处理

27. 统计研究现象总体数量特征的前提是总体各单位间的具体表现存在着（　　），而且这种（　　）是诸多影响因素共同作用的结果。

A. 同质　　B. 差异

C. 数量差异　　D. 品质差异

28. 数据不实是统计数据质量最常见的问题，也是影响最坏的数据质量问题。这类统计数据主要是因为（　　）。

A. 人造数字　　B. 调查不实

C. 代表性不足　　D. 汇总差错

二、多项选择题

1. 统计一词一般包括（　　）等涵义。

A. 统计实践活动　　B. 统计数据

C. 统计学　　D. 统计治理

2. 数据可用（　　）等表示。

A. 数字 B. 图形或表格
C. 符号 D. 字母

3. 采集的统计数据，一般要求满足（ ）等方面的要求。
A. 准确性与及时性 B. 全面系统性
C. 连续性 D. 尊重隐私性
E. 可分享性

4. 统计数据的形式是多种多样的，具体形式可表现为（ ）。
A. 统计表 B. 统计图
C. 统计公报、统计年鉴、统计手册 D. 统计分析报告

5. 统计实践活动、统计数据和统计学之间的联系可概括地表述为（ ）。
A. 过程和结果的关系 B. 实践与理论的关系
C. 统计实践活动先于统计学发展起来 D. 统计学先于统计实践活动发展起来

6. 以全国所有高校为研究对象，其中某所高校的“学生人数”是（ ）。
A. 数量标志 B. 数量指标
C. 变量 D. 变量值

7. 指标的特点包括（ ）。
A. 可量性 B. 综合性
C. 客观性 D. 具体性

8. 统计总体的特征表现为（ ）。
A. 大量性 B. 数量性
C. 同质性 D. 差异性
E. 客观性

9. 连续变量的数值（ ）。
A. 是连续不断的，相邻两值之间可取无限数值
B. 相邻两值之间不可能有小数
C. 是以整数断开的
D. 用测量或计算方法取得
E. 只能用计数方法取得

10. 下列属于连续变量的是（ ）。
A. 工业增加值 B. 从业人数
C. 进出口贸易总额 D. 新增开发区面积

11. 研究某企业职工的工资水平，“工资”对于各个职工而言是（ ）。
A. 标志 B. 数量标志
C. 指标 D. 数量指标
E. 变量 F. 连续变量

12. 下列标志中属于品质标志的是（ ）。
A. 人口性别 B. 工资级别
C. 考试分数 D. 商品使用寿命
E. 固定资产用途 F. 企业所有制

13. 总体和总体单位的区分是相对的，若研究目的不同，则（　　）。

A. 总体有可能变成总体单位　　B. 总体不可能变成总体单位

C. 总体单位有可能变成总体　　D. 总体单位不可能变成总体

F 总体与总体单位可以同时发生相互转化

14. 研究某市的工业生产情况，则（　　）。

A. 总体是该市的全部工业企业

B. 总体单位是该市每一个工业企业

C. 该市各工业企业的“工业增加值”是数量标志

D. 该市“年工业增加值 6000 亿元、月劳动生产率 20000 元/人”是指标

15. 以某校全体学生为研究对象，下列统计数据中（　　）等是统计指标

A. 男生所占比重为 58%　　B. 女生人数为 3890 人

C. 某学生的身高为 1.69 米　　D. 学生的平均数身高为 1.66 米

E. 女生的平均数身高为 1.61 米

16. 统计数据的内容质量是统计数据最基本的特征，它包括（　　）。

A. 相关性　　B. 准确性

C. 及时性　　D. 可比性

E. 可衔接性　　F. 可理解性。

17. 下列属于客观指标的是（　　）。

A. 煤炭产量　　B. 体操运动员的平均成绩

C. 生猪存栏量　　D. 计划销售收入

18. 下列变量中不属于离散变量的是（　　）。

A. 全员劳动生产率　　B. 工业产品总成本

C. 职工平均工资　　D. 产品合格率

E. 产品单位成本　　F. 工人出勤率

19. 下列指标中属于质量指标的是（　　）。

A. 全员劳动生产率　　B. 工业产品总成本

C. 职工平均工资　　D. 产品合格率

E. 产品单位成本　　F. 工人出勤率

20. 数据的可比性是指同一个数据在不同时期的（　　）等要可比。

A. 含义　　B. 统计范围

C. 计算口径　　D. 计算内容

E. 计算方法

21. 统计数据的表述质量包括（　　）等。

A. 可比性　　B. 可衔接性

C. 可理解性　　D. 可阅读性

22. 设计统计指标，要符合（　　）等要求。

A. 指标所反映的总体特征、概念要有科学的理论依据

B. 指标要有明确的计算口径和计算范围

C. 指标要有科学的计算方法

D. 指标要有确切的计量单位

23. 下列属于连续变量的是（　　）。

A. 国内生产总值　　B. 财政收入或支出额

C. 销售利润　　D. 在校学生人数

E. 从业人数　　F. 降雨量

24. 全国第六次人口普查中（　　）。

A. 全国人口数是统计总体　　B. 总体单位是每一个人

C. 全部男性人口数是统计指标　　D. 男女性别比是总体的品质标志

E. 人的年龄是变量

25. 下列指标中属于质量指标的有（　　）。

A. 人均住房面积　　B. 计划完成程度

C. 人口密度　　D. 人口性比

E. 经济增长速度

26. 下列指标中属于数量指标的有（　　）。

A. 粮食播种面积　　B. 新增开发区面积

C. 固定资产净值　　D. 外商投资总额

E. 应纳税所得额

27．下列标志中属于数量标志的有（　　）。

A. 企业类型　　B. 出勤人数

C. 产品等级　　D. 股本总额

E. 职工文化程度

28. 下列标志中属于品质标志的有（　　）。

A. 学生所学专业　　B. 教师职称

C. 考试分数　　D. 商品使用寿命

E. 企业所有制性质

29. 下列变量中属于离散型变量的有（　　）。

A. 奶制品供应量　　B. 合伙企业个数

C. 绩效工资　　D. 国土面积

E. 汽车台数

30. 研究某高职院校教职工的绩效工资水平，“绩效工资”对于各个教职工而言是（　　）。

A. 标志　　B. 数量标志

C. 指标　　D. 数量指标

E. 变量

三、判断题

1. 数据是对客观事物的符号表示，是用于表示客观事物的规模、水平和质量等，因此一般只能用数值表示。（　　）

2. 产品的质量等级可用“一等品”、“二等品”、“三等品”等表示，这也是数据的一种

表现形式。 （ ）

3. 某学生的身高和考试成绩均为数量指标。 （ ）

4. 同质性就是要求构成总体的各个单位在所有方面要有共同的性质，也就是说，总体是由具有相同标志表现的基本单位所组成。 （ ）

5. 指标与标志的表现形式完全相同。 （ ）

6. 统计指标的作用之一是用具体数量来反映总体现象存在的客观事实。 （ ）

7. 统计指标和标志都是用来说明总体综合数量特征的，但两者在综合性上是存在着差别的。 （ ）

8. 统计工作过程有前后之分，在实践中是不能交叉进行的。 （ ）

9. 变量的具体表现称为变量值，它只能用数值表示。 （ ）

10. 数量指标表现为绝对数，质量指标表现为相对数和平均数。 （ ）

11. 用文字表述的指标是质量指标，用数值表示的指标是数量指标。 （ ）

12. 在人口普查中，人口数和人口的平均年龄等均为离散型变量。 （ ）

13. 变量泛指一切可变标志，它既包括可变的数量标志，也包括可变的品质标志。 （ ）

14. 统计数据和统计实践活动的关系是成果与实践的关系。 （ ）

15. 统计是从整体上研究事物的数量表现，不考虑个别事物的特征。 （ ）

16. 统计实践活动是指利用各种科学方法，对社会、经济及自然现象的数量特征进行采集、整理和分析等工作过程的总称。 （ ）

17. 《统计法》规定，属于私人、家庭的单项调查资料，非经本人同意，不得泄露。 （ ）

18. 传统的统计分析，一般是从总体中抽样，再研究样本的性质。在大数据时代，是先有数据再有总体。 （ ）

19. 统计的定量认识是建立在定性认识的基础上的，是在质与量的辩证统一中来研究现象的数量关系，它与数学研究是不同的。 （ ）

20. 统计研究现象总体数量特征的前提是总体各单位间的具体表现存在着差异，而且这种差异是诸多影响因素共同作用的结果。 （ ）

21. 大数据包括了一切可记录、可存储的信号，多样化、无标准、难以用传统的统计指标或统计图表表现、没有统一的数据分类标准等可谓是大数据的特征。 （ ）

22. 统计机构应将采集、整理的统计数据、统计报告、统计公报等所有数据刊载于公共媒体，或放置于开放场所，以便各单位和社会公众查询，以及根据各单位和社会公众的特殊需要，对统计数据进行加工、整理、汇总后供其使用。 （ ）

23. 所有类型的数据都能形成统计指标。 （ ）

24. 主观指标是人们根据其主观意志确立的指标，它与客观指标是对立的。 （ ）

25. 标志值就是所研究的总体的某指标的具体数值，又称数量标志表现。 （ ）

26. 数据不实是统计数据质量最常见的问题，也是影响最坏的数据质量问题。 （ ）

27. 统计学和统计工作的研究对象是完全一致的。 （ ）

28. 统计学是对统计实践活动的经验总结和理论概括。 （ ）

29. 一般而言，指标总是依附在总体上，而总体单位则是标志的直接承担者。 （ ）

30. 数量指标是由数量标志汇总来的，质量指标是由品质标志汇总来的。 ( )

四、试述指标和标志的联系和区别。

五、某上市公司所属五个分公司2019年实现销售收入100亿元、销售利润18亿元。其中：甲公司实现销售收入48亿元、销售利润10亿元；乙公司实现销售收入28亿元、销售利润6亿元……试根据上述数据回答：统计总体、总体单位、统计指标、标志、变量各指什么？

第二章

统计数据采集

一、单项选择题

1. 按组织方式不同，数据采集可分为（　　）。

A. 全面调查和非全面调查　　B. 统计报表和专门调查

C. 一次性调查和经常性调查　　D. 政府调查和民间调查

2. 选择的研究课题（　　）。

A. 应大小适中，难易适度　　B. 范围越小，针对性越强

C. 范围越大，越有重要意义　　D. 内容越重要，价值越高

3. 我国进行职工家庭生活情况的调查采用的调查方法是（　　）。

A. 统计报表　　B. 普查

C. 重点调查　　D. 抽样调查

E. 典型调查

4. 我国目前收集重要的统计数据的主要形式是（　　）。

A. 统计报表　　B. 专门调查

C. 全面调查　　D. 抽样调查

5. 统计调查中的一次性调查是（　　）。

A. 只调查一次　　B. 对时点现象的非连续登记

C. 按固定周期进行的调查　　D. 对时期现象进行的连续登记

6. 数据采集的对象是指（　　）。

A. 已确定进行调查登记的全部单位的整体

B. 被研究现象的全部单位组成的整体

C. 在全面调查中是所研究现象的全部单位组成的整体，在非全面调查中是决定要调查登记的部分单位组成整体

D. 所要调查的全部项目组成整体

7. 一个调查单位（　　）。

A. 只能有一个标志　　B. 可以有多个标志

C. 只能有一个指标　　D. 可以有多个指标

8. 统计报表按填报单位的性质不同分为（　　）。

A. 国家报表、业务部门报表和地方报表　　B. 电讯报表和邮寄报表

C. 日报、旬报、月报、季报和年报　　D. 基层报表和综合报表

9. 专门组织的一次性全面调查是（　　）。

A. 统计报表　　B. 普查

C. 重点调查　　D. 典型调查

10. 调查十多个大型钢铁企业，就可以了解我国钢铁生产的基本情况，这种调查方式是（　　）。

A. 普查　　B. 重点调查

C. 典型调查　　D. 抽样调查

11. 典型调查的“典型单位”是指（　　）。

A. 工作搞得很好的单位　　B. 工作中出现问题最多的单位

C. 具有举足轻重作用的单位　　D. 具有代表性的少数单位

12. 我国对市场上的产品质量情况进行调查的方法是（　　）。

A. 统计报表　　B. 普查

C. 重点调查　　D. 抽样调查

E. 典型调查

13. 某市进行一次物价大检查，规定在12月20日至12月底之间全部完成，这一时间规定是指（　　）。

A. 登记时间　　B. 调查时间

C. 调查期限　　D. 标准时间

14. 比较系统地、客观地反映本地区、本部门或本单位某特定方面基本情况的统计调查报告是（　　）。

A. 情况统计调查报告　　B. 典型经验调查报告

C. 问题调查报告　　D. 新鲜事物调查报告

15. 统计调查报告的（　　）是对统计调查报告内容的高度概括，也是编制索引、查阅文献的重要线索。

A. 标题　　B. 前言

C. 注释　　D. 署名

16. 调查问卷按采集数据的方式分为（　　）。

A. 访问问卷和“邮寄”问卷　　B. 无结构问卷和结构型问卷

C. 封闭型提问和开放型提问　　D. 绩效问卷和问题问卷

17. 典型调查的具体方法很多，其中（　　）是典型调查中最常用的一种方法。

A. 直接观察法　　B. 个别访问法

C. 集体调查法　　D. 发放调查表

18. 划分全面调查与非全面调查的依据是（　　）。

A. 调查单位的多少　　B. 调查项目的多少

C. 调查资料是否齐全　　D. 是否包括调查对象的所有单位

19. 调查表一般由（　　）等部分组成。

A. 表头、表体、表脚　　B. 标题、格线、数字资料

C. 标题、格线、数字资料 、填表说明　　D. 表名、格线、数据资料

20. 邮寄问卷的问卷说明须被调查者阅读和理解，你认为问卷说明不应包括的内容是（　　）。

A. 问候语　　B. 组织者的身份

C. 问卷调查的意义和作用　　D. 答题的结果没有任何责任

E. 无须征询被调查者对问题设计和调查项目的意见

21. 通过调查对我国产油量大的几个主要油田来了解我国石油生产的基本情况，这种调查方式属于（　　）。

A. 普查　　B. 典型调查

C. 重点调查　　D. 抽样调查

22. 若要了解某公司的期末在产品的数量，则由调查人员亲自到现场观察计数，这种收集资料的方式属于（　　）。

A. 采访法　　B. 直接观察法

C. 大量观察法　　D. 报告法

23. 数据采集方案的首要问题是（　　）。

A. 落实调查经费　　B. 确定调查时间和调查期限

C. 确定调查任务和调查目的　　D. 确定调查对象和调查单位

24. 在现实生活中使用最为广泛的非全面调查方式是（　　）。

A. 普查　　B. 重点调查

C. 抽样调查　　D. 典型调查

25. （　　）是统计工作的根本准则，是统计工作的生命线。

A. 及时性　　B. 完整性

C. 连续性　　D. 真实性

26. 某种年报制度规定在次年 1 月 31 日前上报，则调查期限为（　　）。

A. 1 个月　　B. 1 年

C. 1 年零 1 个月　　D. 2 个月

27. 普查规定的标准时间是（　　）。

A. 登记时限　　B. 时点现象的所属时间

C. 时期现象的所属时间　　D. 以上都对

28. 按数据采集对象包括的范围不同，统计调查可以分为（　　）。

A. 经常性调查和一次性调查　　B. 全面调查和非全面调查

C. 统计报表和专门调查　　D. 普查和抽样调查

29. 经常性调查与一次性调查的划分标准是（　　）。

A. 调查对象包括的单位是否完全　　B. 最后取得的资料是否全面

C. 调查登记的时间是否连续　　D. 调查工作是否经常进行

30. 数据采集时间是指（　　）。

A. 数据所属的时间　　B. 调查工作起止的时间

C. 规定提交数据的时间　　D. 开始采集数据的时间

二、多项选择题

1. 根据《统计法》规定，政府统计调查包括（　　）。

A. 国家统计调查　　B. 部门统计调查

C. 地方统计调查　　D. 国有企业统计调查

2. 与政府统计调查相比，民间统计调查有（　　）等特点。

A. 自愿性　　B. 强制性

C. 营利性　　D. 无偿性

3. 选择调查课题应遵循（　　）等原则。

A. 目的性原则　　B. 科学性原则

C. 创造性原则　　D. 可行性原则

E. 价值性原则

4. 选择调查课题的要求是（　　）。

A. 要面向社会实践选题　　B. 选题要具体明确

C. 选题要有创新性　　D. 选题要有可行性

5. 统计调查（　　）。

A. 是向客观实际搜集原始资料　　B. 是统计工作的基础环节

C. 是统计工作中承前启后的阶段　　D. 所取得的资料都是数字资料

E. 所取得的资料直接说明总体单位的特征　　F. 所取得的资料直接说明总体的特征

6. 选择课题时应注意（　　）等问题。

A. 大小适中，难易适度　　B. 紧跟形势，强化时效

C. 前后衔接，承上启下　　D. 扬长避短，紧密结合本职工作

7. 直接观察法的特点是（　　）。

A. 数据真实性高　　B. 客观性强

C. 受时空限制　　D. 调查成本高

E. 对调查人员的素质要求高

8. 下列社会经济信息的采集，可采用经常性调查方式的有（　　）。

A. 商品库存量　　B. 职工人数

C. 人口出生、死亡人数　　D. 农副产品收购量

E. GDP　　F. 居民住房面积

9. 统计调查项目（　　）。

A. 是调查单位应承担的调查标志

B. 是调查方案的核心部分

C. 是要调查的具体内容

D. 其具体表现可以是数据也可以是品质属性

E. 都要表现为具体数值

10. 统计调查表中所规定的（　　）等内容，任何单位或个人不得擅自修改。

A. 调查指标和调查范围　　B. 计量单位、调查内容和计算方法

C. 分类目录　　D. 调查表式

E. 统计编码

11. 某市进行工业企业设备情况的调查，则（　　）。

A. 调查对象是该市工业企业所有设备　　B. 调查对象是所有工业企业

C. 调查单位是每台设备　　D. 调查单位是每个工业企业

F. 填报单位是每个工业企业

12. 为了解我国中小企业发展情况而进行调查，全国每一个中小企业是（　　）。

A. 调查对象　　B. 调查单位

C. 填报单位　　D. 调查项目

E. 标志的承担者

13. 统计报表和普查（　　）。

A. 同属全面调查（统计报表大部是全面调查）

B. 都是经常性调查

C. 普查是一次性调查，统计报表既有经常性调查也有一次性调查

D. 可以相互代替

E. 二者的目的和作用不同，不能互相代替

14. 第六次全国人口普查规定登记每一常住人口 2010 年 11 月 1 日零时的有关情况（　　）。

A. 这是经常性的非全面调查　　B. 这是专门组织的一次性全面调查

C. 该时间是调查资料所属的标准时点　　D. 该时间是完成调查登记工作的最后期限

E. 人口的“年龄”是调查标志

15. 统计机关在占全国城市人口一半以上的各大城市对农贸市场零售价格水平进行调查，这种调查是（　　）。

A. 重点调查　　B. 典型调查

C. 抽样调查　　D. 非全面调查

E. 一次性调查

16. 对某市高校情况进行调查，每一所学校是（　　）。

A. 调查对象　　B. 调查单位

C. 调查项目　　D. 报告单位

17. 我国目前只要求规模在规定标准以上的企业执行统计报表制度，在规定标准以下的企业以及个体经济单位等，则采用抽样方法来搜集数据。报告法的主要特点有（　　）。

A. 统一性　　B. 原始性

C. 大量性　　D. 完整性

18. 访问法主要包括（　　）。

A. 面谈访问法　　B. 邮寄访问法

C. 电话访问法　　D. 网络访问法

19. 抽样调查的优势有（　　）。

A. 经济性　　B. 时效性

C. 准确性　　D. 完整性

E. 灵活性

20. 抽样调查的特点有（　　）。

A. 随机性　　B. 推断性

C. 误差性　　D. 时效性

21. 我国统计报表制度主要包括（　　）等内容。

A. 报表目录　　B. 报表表式

C. 填表说明　　D. 指标解释

22. 常用的网络访问方法有（　　）。

A. E. -mail 问卷调查法　　B. 交互式 CATI 系统调查法

C. 互联网 CGI 程序调查法　　D. 微信访问法

23. 产生登记性误差的主要原因有（　　）。

A. 计量错误、记录错误　　B. 计算错误、抄录错误

C. 汇总错误　　D. 调查者和被调查者有意虚报、瞒报

E. 数据采集方案规定不明确

24. 通过网络采集数据的方法具有（　　）等特点。

A. 自愿性　　B. 定向性

C. 及时性　　D. 互动性

E. 经济性

25. 普查属于（　　）。

A. 专门调查　　B. 全面调查

C. 非全面调查　　D. 一次性调查

E. 经常性调查

26. 常用的数据采集方法有（　　）。

A. 报告法　　B. 访问法

C. 大量观察法　　D. 直接观察法

27. 专门调查包括（　　）。

A. 普查　　B. 抽样调查

C. 定期报表　　D. 全面报表

E. 典型调查

28. 为了解我国个人独资企业的发展情况而进行调查，则每一个个人独资企业是（　　）。

A. 调查对象　　B. 调查单位

C. 调查项目　　D. 标志的承担者

29. 数据采集（　　）。

A. 主要是采集原始数据的工作　　B. 是统计工作的基础环节

C. 是统计工作中承前启后的阶段　　D. 所取得的数据都是数字资料

E. 所取得的数据直接说明总体单位的特征

30. 统计报表的特点是（　　）。

A. 自上而下统一布置　　B. 自下而上逐级填报

C. 按规定的报送时间上报　　D. 按统一的表式和项目填报

E. 一般属于全面调查

31. 典型调查（　　）。

A. 是一次性调查　B. 是专门组织的调查
C. 是全面调查　D. 调查单位是有意识地选取的

32. 统计调查报告主体部分的结构有（　　）等形式。

A. 纵式结构　B. 横式结构
C. 纵横交错式结构　D. 动态结构
E. 地域结构

33. 统计调查报告有（　　）等特点。

A. 写实性　B. 针对性
C. 逻辑性　D. 科学性

34. 统计调查报告的标题通常有（　　）等写法。

A. 直叙式　B. 提问式
C. 复合式　D. 动态式

35. 一般来说，一份统计调查报告的基本结构是由（　　）等部分组成。

A. 题目　B. 摘要
C. 正文　D. 结尾

三、判断题

1. 统计调查课题的范围越大，其学术价值也就越大。（　　）

2. 对于一般的研究者而言，一项课题要求具有创造性是相对的，即诸如所依据的理论、所采用的研究方法等方面与前人有所不同，有自己独到的、新颖的地方。（　　）

3. 一项调查所采集的数据与统计调查报告所利用的数据并不是一回事。调查所获数据往往都与调查主题有关，但不一定都与统计调查报告的主题紧密相联。（　　）

4. 为了采集到全面系统的数据资料，保证统计数据有充分的代表性，在拟定调查方案时，调查项目越多越好。（　　）

5. 统计调查中的调查单位与填报单位是一致的。（　　）

6. 重点调查中重点单位的选择不受人为因素的影响。（　　）

7. 统计报表一般属于经常性的全面调查。（　　）

8. 确定统计调查时间就是确定统计调查工作的起止时间。（　　）

9. 统计报表中的资料主要来源于基层单位的原始记录，统计台账和基础的内部报表。（　　）

10. 典型调查中典型单位的选取可以不遵循随机原则。（　　）

11. 单一表能容纳较多的标志，因而能把许多单位的数据填列于一张表中，这有利于比较和分析。（　　）

12. 由于直接观察法能保证资料的真实性和可靠性，因而在进行统计调查时，应采用这种调查方法为好。（　　）

13. 在非全面调查中，最完善、最有科学依据的调查方法是抽样调查。（　　）

14. 拦截访问法是指调查者在路上随机拦截调查对象，就所要调查的问题与之面谈而采

集数据的方法，这种方法所采集的资料完整、代表性强。（ ）

15. 撰写统计调查报告时一定要强调和注重报告的文学性、可读性，切忌简单明了地表达调查的结果。（ ）

16. 邮寄访问法，虽然成本低，但回复率一般也较低，而且回收的问卷可能只来自某些阶层，调查结果的代表性不足。（ ）

17. 直接观察法所采集的数据的准确性高、时效性强，在我国的统计实践中它是一种最好的、能广泛采用的数据采集方法。（ ）

18. 民间统计调查，是由民间统计机构以自己的名义或接受委托而进行的统计调查。民间调查机构是利用自己的资源进行统计调查，其目的是为了获取一定的利益。（ ）

19. 在全面调查和非全面调查中都会产生登记性误差。（ ）

20. 问题调查报告是指存在问题的调查报告。（ ）

21. 统计报表制度是我国采集国民经济和社会发展基本统计数据的主要形式。（ ）

22. 统计调查报告的主题就是统计调查报告所要表达的中心问题，它是整个统计调查报告灵魂，对统计调查报告写作的成败具有决定性的意义。（ ）

23. 问卷主体是指问卷调查项目、回答问题的方式、回答问题的指导和注释等。它是问卷调查的核心内容。（ ）

24. 因为所处环境和条件不同，所以被调查者对所提同一问题将有不同的理解，因此，所提问题不能参杂调查者自身的意图或观点，不能暗示、诱导被调查者，以免干扰被调查者独立思考而隐瞒或歪曲自己的真实观点。（ ）

25. 统计调查方案是指导统计工作的纲领性文件。统计调查方案所规定的指标涵义、调查范围、调查方法、分类目录、统计编码等，未经批准该调查方案的机关同意，任何单位或者个人不得修改。（ ）

26. 一般而言，全面调查的结果更全面、准确，所以得到普遍应用。（ ）

27. 当数据采集项目较多时，应采用一览表。（ ）

28. 对统计总体中的全部单位进行调查称为普查。（ ）

29. 调查对象是调查项目的承担者。（ ）

30. 重点调查的重点单位是根据当前的工作重点来确定的。（ ）

31. 调查对象就是统计总体，而统计总体不都是调查对象。（ ）

32. 对变化较小、变动较慢的现象可采用一次性调查来取得资料。（ ）

33. 调查期限与调查时间不同，它是指进行调查工作所需的工作时间，包括搜集资料和报送资料的工作时间。（ ）

34. 在现实工作中，直接观察法可以用于对历史数据的搜集。（ ）

35. 在数据采集过程中，调查对象可以同时又是调查单位，调查单位可以同时又是总体单位。（ ）

36. 全面调查和非全面调查是根据调查结果所得的数据是否全面来划分的。（ ）

37. 在特殊情况下，调查问卷上所拟答案有时也可以重复和相互交叉。（ ）

38. 电话调查的问题要明确，且数量要少。（ ）

39. 搜集变化较大，变动较快的社会经济现象的数据，应采用经常性调查方法。（ ）

40. 访问问卷调查的回答率低，但其调查成本也低。（ ）

41. 填报单位是指负责填写、报告调查内容的单位，填报单位与调查单位有时一致，有时不一致，这是根据调查任务来确定的。 (　　)

42. 当调查对象分布的范围较广时，宜采用邮寄调查方法。 (　　)

43. 调查人员以调查表或相关数据为依据，逐项向被调查者询问有关情况，并将结果记录下来，此法属于直接观察法。 (　　)

44. 各种调查方法结合运用容易造成重复劳动，一般不宜提倡。 (　　)

45. 调查时间是指完成调查工作所需要的工作时间。 (　　)

四、问卷主体的设计应注意哪些问题？

五、试设计一份“大学生手机拥有状况调查方案”。

第三章

统计数据整理与显示

一、单项选择题

1. 统计整理的根本任务是对调查资料（　　）。
A. 按组归类
B. 进行加总和计算
C. 进行审核和订正
D. 进行分类汇总等加工工作，以得出说明总体特征的综合数字资料
2. 统计分组的关键问题是（　　）。
A. 正确选择分组标志
B. 确定组数
C. 确定组距
D. 正确划分各组间的数量界限
3. 统计分组的对象是（　　）。
A. 总体
B. 总体单位
C. 指标
D. 标志
4. 区分简单分组与复合分组的依据是（　　）。
A. 分组数目的多少
B. 现象的复杂程度
C. 总体单位的多少
D. 分组标志的多少及组合形式的不同
5. 对连续型变量进行分组（　　）。
A. 宜用单项式分组
B. 宜用组距式分组
C. 宜用等距式分组
D. 单项式或组距式分组都可以
6. 编制变量数列，如果采用手工汇总且只计算各组分配的单位数，则应采用（　　）。
A. 过录法
B. 划记法
C. 折叠法
D. 卡片法
7. 等距分组适合于（　　）。
A. 变动比较均匀且有明显集中趋势的变量
B. 呈水平趋势变动的变量
C. 急剧升降变动的变量
D. 按一定比率变动的变量
E. 一切变量
8. 确定连续型变量的组限时，相邻的组限一般要求（　　）。
A. 间断
B. 重叠
C. 不等
D. 间断或重叠

9. 累计次数或累计频率中的“向上累计”是指（　　）。

A. 将各组变量值由大到小依次相加

B. 将各组变量或频率由小到大依次相加

C. 将各组次数或频率从变值最低的一组向最高的一组依次累计

D. 将各组次数或频率从变量值最高的一组向最低的一组依次累计

10. 已知某企业利润分组的组距数列的末组为“500 万元以上”，又知其邻组组中值为 480 万元，则末组的组中值为（　　）万元。

A. 520　　B. 510

C. 500　　D. 490

11. 组距和组数是构成次数分布数列（组距数列）的两个基本要素，组距的大小和组数的多少在数量上（　　）。

A. 没有关系　　B. 关系不明确

C. 呈正方向变化　　D. 呈反方向变化

12. 在组距数列中，若某单位的标志值刚好等于相邻组的上、下限数值时，则该标志值一般（　　）。

A. 归于上限所在组　　B. 归于下限所在组

C. 归于上、下限所在组均可　　D. 根据计算需要来确定

13. 在组距数列中，组中值（　　）。

A. 能精确地代表该组变量值的一般水平　　B. 只能是一个代表性数值

C. 开口组组中值的代表性比闭口组更强　　D. 没有代表性

14. 某市有关资料如下表所示，表中的“第一产业”、“第二产业”、“第三产业”、“合计”等是（　　）。

	GDP（亿元）	比重（%）
第一产业	260	16. 25
第二产业	540	33. 75
第三产业	800	50. 00
合计	1600	100. 00

A. 总标题　　B. 横行标目

C. 纵栏标目　　D. 宾词

15. 某校教职工人数构成情况如下表所示。该表是（　　）。

		人　数
教　师	男	460
	女	240
其他人员	男	120
	女	180

A. 单一表　　B. 一览表
C. 分组表　　D. 复合分组表

16. 统计表中的主词只按一个标志分组而形成的统计表是（　　）。
A. 单一表　　B. 一览表
C. 简单表　　D. 分组表
E. 复合表

17. 编制统计报表时，如果表中某项不应有数字，则在表中用（　　）。
A. “0”表示　　B. “……”表示
C. “×”表示　　D. “——”表示

18. 以各组组距为宽度、以各组的频数或频率为高度来表示频数分布的图形是（　　）。
A. 直方图　　B. 条形图
C. 线图　　D. 散点图

19. 统计分组的依据是（　　）。
A. 标志　　B. 指标
C. 标志值　　D. 变量值

20. 在全距一定的情况下，组距的大小与组数的多少成（　　）。
A. 正比　　B. 反比
C. 无比例关系　　D. 有时成正比有时成反比

21. 简单表与分组表的区别在于（　　）。
A. 主词是否分组　　B. 宾词是否分组
C. 分组标志的多少　　D. 分组标志是否重叠

22. 统计表的横行标题表示各组的名称，一般应写在统计表的（　　）。
A. 上方　　B. 左方
C. 右方　　D. 均可以

23. 在统计汇总时，如果只要求计算各组分配的单位数，可采用（　　）。
A. 过录法　　B. 划记法
C. 折叠法　　D. 卡片法

24. 按某一标志分组的结果表现为（　　）。
A. 组内同质性，组间同质性　　B. 组内同质性，组间差异性
C. 组间差异性，组间同质性　　D. 组间差异性，组间差异性

25. 要准确地反映异距数列的实际分布情况，应采用（　　）。
A. 次数　　B. 累计频率
C. 频率　　D. 次数密度

26. 某连续变量数列，其首组为开口组，上限为200，又知其邻组的组中值为250，则首组的组中值为（　　）。
A. 180　　B. 150
C. 100　　D. 难以确定

二、多项选择题

1. 统计数据的整理（　　）。
A. 就是对调查资料进行分组
B. 中心内容是汇总
C. 要以科学的分组为前提
D. 是统计工作中承前启后的一个阶段
E. 就是对数字进行总计
F. 根本作用是使个体单位的特征过渡到总体的特征
2. 统计资料整理的内容一般包括（　　）。
A. 统计审核　　B. 统计分组
C. 统计汇总　　D. 统计分析
E. 编制统计表
3. 选择分组标志应考虑的主要因素有（　　）。
A. 统计研究目的或分组目的　　B. 标志能否反映事物本质差别及内在联系
C. 区分事物数量差别还是性质差别　　D. 现象所处的客观历史条件
E. 变量是连续变量还是离散变量
4. 统计资料的审核主要是审核资料的（　　）。
A. 准确性　　B. 及时性
C. 完整性　　D. 代表性
E. 科学性
5. 统计分组要满足（　　）等的要求。
A. 总体内部要体现“组内同质和组间差异性”
B. 归属的唯一性
C. 分组的完整性
D. 分配的统一性
6. 下面哪些数量标志适宜按组距分组（　　）。
A. 粮食产量　　B. 企业职工人数
C. 公司利润　　D. 税收收入
E. 月生活费支出
7. 某单位 100 名职工按其月工资额分为 5000 元以下、5000 ~ 6000、6000 ~ 7000、7000 ~ 8000、8000 以上等五组。这一分组（　　）。
A. 是等距分组　　B. 分组标志是连续变量
C. 末组组中值为 8500 元　　D. 相邻的组限是重叠的
E. 某职工工资 6000 元，应统计在“6000 ~ 7000”这一组
8. 变量数列中频率应满足的条件是（　　）。
A. 各组频率大于 0　　B. 各组频率大于 1
C. 各组累计频率之和等于 1　　D. 各组累计频率之和小于 1
E. 各组累计频率之和大于 0

9. 组中值是组距数列中各组标志值的中点数值，其可供选用的计算方法有（　　）。

A. 组中值 =（本组下限 + 本组上限）/2

B. 组中值 =（本组上限 + 下组下限）/2

C. 组中值 = 上限 − 1/2 邻组组距

D. 组中值 = 1/2 上限

E. 组中值 = 下限 + 1/2 邻组组距

10. 组距数列包括（　　）。

A. 品质数列

B. 变量数列

C. 等距数列

D. 异距数列

11. 次数分布的表示方法有（　　）。

A. 图示法

B. 表示法

C. 累计法

D. 分解法

12. 下列表述不正确的有（　　）。

A. 按品质标志分组的数列不是次数分配数列

B. 按数量标志分组的数列才是次数分配数列

C. 按品质标志分组的数列一般不可能是等距数列

D. 按数量标志分组的数列可以是不等距数列

13. 下列适合异距数列分组的变量可以是（　　）。

A. 企业利润

B. 劳动生产率

C. 年工资额

D. 企业职工人数

14. 下列属于品质分配数列的是（　　）。

A. 公司从业人员按文化程度分组而形成的数列

B. 公司从业人员按工种分组而形成的数列

C. 公司从业人员按劳动生产率分组而形成的数列

D. 公司从业人员按月工资额分组而形成的数列

15. 变量数列中的各组次数（　　）表示。

A. 可用绝对数

B. 可用相对数

C. 只能用绝对数

D. 只能用相对数

16. 在变量数列中，（　　）。

A. 总次数一定，频数和频率成反比

B. 各组的频数之和为 100

C. 频数越小，则该组标志值所起的作用越小

D. 各组频率大于 0

17. 在组距数列中，组中值（　　）。

A. 是上限和下限之间的中点数值

B. 用来代表各组标志值的一般水平

C. 在开口数列中难以确定组中值

D. 在开口数列中可参照相邻组的组距来确定

18. 组距数列中影响各组分配次数的因素是（　　）。

A. 组距的大小

B. 组数的多少

C. 不同的组限

D. 变量的多少

E. 分组标志的性质

19. 汇总的组织形式一般有（　　）。

A. 逐级汇总　　B. 集中汇总

C. 手工汇总　　D. 电子计算机汇总

E. 超级汇总与逐级汇总相结合

20. 常用的统计图有（　　）。

A. 条形图　　B. 直方图

C. 线图　　D. 散点图

E. 饼图

21. 下列分组中属于按品质标志分组的有（　　）。

A. 职工按工龄分组　　B. 企业按所有制属性分组

C. 教师按职称分组　　D. 人口按地区分组

E. 职员按文化程度分组

22. 下列分组中属于按数量标志分组的有（　　）。

A. 企业按计划完成程度分组　　B. 职工按工龄分组

C. 企业按隶属关系分组　　D. 企业按年产量分组

E. 学生按健康状况分组

23. 在组距数列中，组距大小与（　　）。

A. 总次数的多少成正比　　B. 总次数的多少成反比

C. 总次数的多少无关系　　D. 组数多少成正比

E. 组数多少成反比

24. 统计表从内容上看由（　　）组成。

A. 总标题　　B. 横行标题

C. 纵栏标题　　D. 主词

E. 宾词

25. 统计分组的作用在于（　　）。

A. 划分现象的类型　　B. 反映现象总体的内部结构

C. 比较现象间的一般水平　　D. 分析现象的数量变化

E. 研究现象之间的依存关系

26. 广义的统计表从其用途上看包括（　　）。

A. 调查表　　B. 汇总表

C. 分析表　　D. 统计报表制度

27. 在组距数列中，组中值（　　）。

A. 是上限与下限的中点数　　B. 在开口组中可参照相邻组来确定

C. 在开口组中无法计算　　D. 是用来代表各组标志值的一般水平

E. 就是组平均数

28. 组距式分组仅适合于（　　）。

A. 连续变量　　B. 离散变量且变动幅度较大

C. 离散变量且变动幅度较小　　D. 品质标志且变动幅度较大

三、判断题

1. 统计整理的关键在于如何进行统计分组。 ( )
2. 审核统计数据的及时性，就是检查统计数据是否符合规定的报送时间和报送程序。 ( )
3. 统计分组是统计整理最基本的方法。 ( )
4. 统计汇总机构在对统计数据进行审核时，如果发现有不正确或可疑之处，则应该根据汇总的实际需要予以订正。 ( )
5. 在编制数值型变量数列时，若资料有特大或特小的极端数值，为保证每一个总体单位有属于自己所在的组，而非无组可居，则应编制开口数列。 ( )
6. 划分各组界限，就是在分组标志的变动范围内，划分各相邻组的性质差异或数量界限。 ( )
7. 统计分组的首要问题就是正确划分各组的界限。 ( )
8. 企业按固定资产价值量分组的统计表属于单一表。 ( )
9. 组中值是根据各组上限和下限计算的平均数值，所以它代表了各组平均分配的次数。 ( )
10. 统计数据的整理就是对统计数据进行汇总，以更好地满足统计分析的需要。( )
11. 变量数列中如果有开口组，则可以断定这个变量数列是不等距变量数列。 ( )
12. 一般地说，在进行统计分组时，最低组的组限应低于最小的变量值 。 ( )
13. 对于异距数列，只有先计算次级密度才能绘制曲线图，否则无法正确反映次数的分布特征。 ( )
14. 离散型变量可以进行单项式分组，也可进行组距式分组，而连续型变量一般只能进行组距式分组。 ( )
15. 统计分组是把总体划分为一个个性质不同、范围更小的“总体”。 ( )
16. 在变量数列中，频数越大，则该组的标志值所起的作用越大。 ( )
17. 按一个标志进行的分组是简单分组，按多个标志进行的分组是复合分组。 ( )
18. 统计表中如果不存在某项数字时，应用符号“ — ”表示。 ( )
19. 连续型变量只能作组距式分组，且组限只能是重叠组限表示法。 ( )
20. 所谓“上限不在内”原则，是指当某单位的标志值恰好等于某组上限时，就把该单位归入该组。 ( )
21. 次数分布的表现方法，主要是用表格表示和用图形表示等。 ( )
22. 能够对总体进行分组，是由统计总体中各单位所具有的差异性决定的。 ( )
23. 统计分组实质上是通过分组保持组内统计数据的同质性和组间统计数据的差异性。 ( )
24. 各组次数占总次数的比重通常称为频数。 ( )
25. 统计数据的整理就是对原始资料的整理。 ( )
26. 由于电子计算机的广泛使用，手工汇总已无必要存在了。 ( )
27. 异距数列是各组组距不相等或不完全相等的数列。 ( )
28. 品质数列是一个单项分布数列。 ( )

29. 无论是数量分配数列还是品质分布数列，都是通过现象的数量差异来反映现象间的本质区别的。 ( )
30. 在等距分组条件下，次数分布和次级密度分布是一致的。 ( )
31. 单项式频数分布的组数等于变量所包含的变量值的种数。 ( )
32. 按一个标志分组就是简单分组，按两个或两个以上标志分组就复合分组。 ( )
33. 表头就是统计调查表的主体。 ( )
34. 对于一个既定的总体而言，合理的分组标志只有一个。 ( )
35. 某车间 10 名员工的工资额不同，因此存在 10 个变量。 ( )
36. 统计表是表达统计数据整理结果最好的形式。 ( )
37. 统计表的主词一般是说明总体的各种指标。 ( )
38. 凡是统计表都是次数分布表。 ( )
39. 统计分组是编制次数分配数列的基础。 ( )
40. 各组累计次数之和等于总次数。 ( )

四、计算与分析

1. 某班 61 名学生的《统计基础》考试成绩（分）如下：

92	87	68	80	56	76	82	72	90	77	60	62	60	80	96
82	75	85	84	80	86	65	80	84	79	58	74	85	76	88
68	66	76	92	88	92	89	85	60	84	55	77	75	83	81
68	91	75	95	87	85	94	70	87	70	67	83	98	66	77

要求：

（1）将上述数据按由低到高或由高到低的顺序加以排列；

（2）将成绩按等级分组，并设计一张整理表，用过录法或划记法进行汇总整理；

（3）编制组距式变量数列，并计算出累计数，绘制次数分布图与累计次数分布图。

2. 某高职院校老师有关职称的信息如下：教授 36 人，其中：男性占 72.22%；副教授 220 人，其中：男性占 65%；讲师 378 人，其中：男性占 61.9%；助教 260 人，其中：男性占 53.08%。试根据这些资料设计一张复合分组表。

第四章

静态数据分析

一、单项选择题

1. 在企业总体中，企业数（a）、职工人数（b）和固定资产价值（c）三个指标（　　）。

A. 都是总体单位总量

B. a 是总体单位总量，b、c 是总体标志总量

C. 都是总体标志总量

D. b 是总体单位总量，a、c 是总体标志总量

2. 时期指标与时点指标数值的大小与时期或时间间隔长短。

A. 前者有关　　B. 后者有关

C. 前者有关后者无关　　D. 前者无关后者有关

E. 两者都有一定关系

3. 可用有名数表现的相对数是（　　）。

A. 比例相对数　　B. 结构相对数

C. 比较相对数　　D. 强度相对数

E. 计划完成相对数　　F. 动态相对数

4. 计划完成程度相对指标（　　）。

A. 都是以大于 100% 为超额完成计划

B. 都是以小于 100% 为超额完成计划

C. 以大于 100% 还是小于 100% 为超额完成计划应根据现象的性质方面来确定

D. 多数情况下以小于 100% 为超额完成计划

5. 某公司计划规定本年费用水平比上年下降 4%，实际上升了 6%，则该公司费用水平计划完成程度为（　　）。

A. 150%　　B. 97.92%

C. 112.77%　　D. －50%

E. －150%

6. 本年出生婴儿中，男性占 51.2%，女性占 48.8%，这是（　　）。

A. 比例相对数　　B. 结构相结数

C. 比较相对数　　D. 强度相对数

7. 本年出生婴儿中，男：女＝106：100，这是（　　）。

A. 比例相对数　　B. 结构相结数

C. 比较相对数　　D. 强度相对数

8. 比较相对指标是（　　）。

A. 同类现象在不同空间上对比　　B. 同类现象的部分与总体的对比

C. 同一现象的部分与总体的对比　　D. 有联系的不同现象的相互对比

9. 比例相对指标是（　　）。

A. 同类现象在不同空间上对比　　B. 同类现象在不同时间上对比

C. 同一现象的部分与总体的对比　　D. 总体内部之间的相互对比

10. 某公司今年第一批产品合格率为99%，第二批合格率为98.5%，第三批合格率为98%。第一批产品数量占总数的35%，第三批占25%，则平均废品率为（　　）。

A. 4.5%　　B. 1.50%

C. 1.52%　　D. 0.94%

11. 某城市今年年末有人口750万人，有医院床位3万个，则该市的医院床位密度指标是（　　）。

A. 2.5千人/个　　B. 250个/人

C. 0.25个/千人　　D. 250人/个

12. 计算平均指标时，要求组成总体的各单位必须具有（　　）。

A. 数量性　　B. 同质性

C. 变异性　　D. 大量性

13. 加权算术平均数的大小（　　）。

A. 只受各组变量值大小的影响

B. 只受各组次数多少的影响

C. 同时受各组变量值的大小和次数多少的影响

D. 与各组变量值及次数均无关

14. 简单算术平均数作为加权算术平均数特例的条件是（　　）。

A. 各组权数不相等　　B. 各组权数相等

C. 各组标志值不相等　　D. 各组标志值相等

15. 在加权算术平均数的计算中，权数对平均数的影响取决于（　　）。

A. 各组变量值的大小　　B. 次数绝对值的大小

C. 各组次数所占比重的大小　　D. 变量值整体水平的高低

16. 已知某公司几种主要电子产品的销售额及零售价格，要计算这几种电子产品平均零售价格，应采用（　　）。

A. 简单算术平均法　　B. 加权算术平均法

C. 简单调和平均法　　D. 加权调和平均法

E. 几何平均法

17. 已知总体平均数为1500，标准差系数为0.05，则方差为（　　）。

A. 75　　B. 150

C. 5625　　D. 225

18. 在标志变异指标中，能相对反映总体各单位数量标志变异程度的指标是（　　）。

A. 平均数　　B. 全距

C. 平均差　　D. 标准差

E. 离散系数

19. 平均差与标准差的相同点是（　　）。

A. 把所有变量值都考虑在内　　B. 总体单位数不同

C. 计算方法相同　　D. 反映总体分布的集中趋势

20. 标准差系数抽象化了（　　）。

A. 总体指标数值多少的影响　　B. 总体单位数多少的影响

C. 标志变异度的影响　　D. 平均数大小的影响

21. 已知两个同类型的企业职工工资的标准差分别为：$\sigma_{甲}=920$ 元，$\sigma_{乙}=980$ 元。则两个企业职工平均工资的代表性是（　　）。

A. 甲 > 乙　　B. 甲 = 乙

C. 甲 < 乙　　D. 难以判断

22. 甲、乙两生产小组人均月工资分别为 6480 元和 6880 元，其方差均为 888 元，则两小组人均工资的代表性（　　）。

A. 甲 > 乙　　B. 甲 = 乙

C. 甲 < 乙　　D. 难以判断

23. 平均差与标准差计算公式中的平均数是（　　）。

A. 算术平均数　　B. 调和平均数

C. 几何平均数　　D. 中位数

E. 众数

24. 在加权算术平均数中，如果各个变量值都扩大 3 倍，而频数都减少为原来的三分之一，则平均数（　　）。

A. 不变　　B. 减少了

C. 扩大 3 倍　　D. 不能确定

25. 平均差与标准差的主要区别在于（　　）。

A. 计算条件不同　　B. 指标意义不同

C. 数学处理方法不同　　D. 计算结果不同

26. 某班学生 50 名，男女生各占一半，该班学生性别的方差为（　　）。

A. 0.25　　B. 0.5

C. 1　　D. 5

27. 将粮食产量与人口数相比得到的人均粮食产量指标是（　　）。

A. 统计平均数　　B. 结构相对数

C. 比较相对数　　D. 强度相对数

28. 各变量值与其算术平均数的离差平方和为（　　）。

A. 零　　B. 最大值

C. 最小值　　D. 平均值

29. 由组距数列确定众数时，如果众数组的两个邻组的次数相等，则（　　）。

A. 众数为 0　　B. 众数组的组中值就是众数

C. 众数组的上限就是众数　　D. 众数组各单位变量值的平均数为众数

30. 不能全面反映总体各单位标志值变异程度的标志变异指标是（　　）。

A. 全距　　B. 平均差

C. 标准差　　D. 标准差系数

31. 甲、乙两生产小组人均月工资分别为 6200 元和 6370 元，其方差均为 1000 元，则两小组人均工资的代表性（　　）。

A. 甲大于乙　　B. 甲等于乙

C. 甲小于乙　　D. 难以判断

32. 平均指标中最常用的是（　　）。

A. 算术平均数　　B. 调和平均数

C. 几何平均数　　D. 位置平均数

33. 标志变异指标中最常用的是（　　）。

A. 全距　　B. 平均差

C. 标准差　　D. 离散系数

34. 已知 8 个水果商店苹果的单价和销售额，要求计算这 8 个商店苹果的平均单价，应采用（　　）。

A. 简单算术平均法　　B. 加权算术平均法

C. 加权调和平均法　　D. 几何平均法

35. 标志变异指标中最容易受极端值影响的是（　　）。

A. 极差　　B. 平均差

C. 标准差　　D. 标准差系数

36. 某市有 5000000 人，共有 10 所医院，平均每所医院要服务 500000 人，这个指标是（　　）。

A. 平均指标　　B. 总量指标

C. 强度相对指标　　D. 发展水平指标

37. 加权调和平均数可作为加权算术平均数的（　　）使用。

A. 倒数　　B. 平均数

C. 变形　　D. 平方

38. 标准差系数抽象（　　）。

A. 总体单位数多少的影响　　B. 平均水平高低的影响

C. 单位标志值大小的影响　　D. 各组单位数多少的影响

39. 已知 10 个公司钢铁产品的单价和销售额，要计算 10 个公司钢铁产品的平均单价，应该用（　　）。

A. 算术平均数　　B. 几何平均数

C. 位置平均数　　D. 加权调和平均数

40. 某单位去年的平均工资为 5000 元，标准差为 500 元，今年的平均工资增长了 20%，标准差增加到 520 元。该单位平均工资的相对变异程度（　　）。

A. 不变　　B. 增大

C. 无法比较　　D. 减小

二、多项选择题

1. 总量指标的计量单位有（　　）。

A. 货币单位　　B. 劳动量单位

C. 自然单位　　D. 度量衡单位

E. 标准实物单位

2. 相对指标的计量形式可以是（　　）。

A. 系数　　B. 倍数

C. 成数　　D. 百分数

4. 无名数一般分为（　　）。

A. 系数　　B. 倍数

C. 成数　　D. 百分数

E. 千分数

5. 下列指标中属于时期指标的有（　　）。

A. 全年出生人数　　B. 固定资产价值

C. 耕地面积　　D. 全国高等学校所数

E. 商品销售数额　　F. 农作物播种面积

5. 下列指标中属于时期指标的有（　　）。

A. 全年新增开发区面积　　B. 国内生产总值

C. 降雨量　　D. 所得税总额

E. 在校学生人数

6. 下列指标中属于时点指标的有（　　）。

A. 年度新生婴儿数　　B. 小汽车产量

C. 油库成品油存量　　D. 工业增加值

E. 经济增长率

7. 下列指标属于时点指标的有（　　）。

A. 年末人口总数　　B. 钢材库存量

C. 粮食产量　　D. 某高校招生人数

E. 工资额　　F. 农业机械拥有量

8. 我国于 2010 年 11 月 1 日进行了第六次人口普查，总人口为 1339724852 人。这是一个（　　）。

A. 总量数据　　B. 相对数据

C. 时期指标　　D. 时点指标

E. 质量指标　　F. 数量指标

9. 我国于 2000 年 11 月 1 日进行了第五次人口普查，祖国大陆人口为 12.66 亿人，比 1990 年的 11.34 亿人增加了 1.32 亿人，年均增长率为 1.11%。这些数字中有（　　）。

A. 总量指标　　B. 相对指标

C. 时期指标　　D. 时点指标

E. 质量指标　　F. 数量指标

10. 某企业计划规定本年全员劳动生产率比上年提高10%，实际提高了14%，则（　　）。

A. 计划完成程度为103.64%　　B. 计划完成程度为140%

C. 超额完成计划3.64%　　D. 超额完成计划40%

E. 实际比计划提高了约4个百分点　　F. 实际比计划多提高4%

11. 甲企业与乙企业2019年的利润分别为50万元和60万元，甲企业2020年的利润为60万元，则（　　）。

A. 比较相对数为83.33%　　B. 比较相对数为120%

C. 动态相对数为120%　　D. 甲、乙两企业利润发展速度为120%

E. 甲、乙两个企业利润发展速度为100%

12. 相对指标中子项与母项可以互换的有（　　）。

A. 计划完成相对指标　　B. 结构相对指标

C. 比较相对指标　　D. 强度相对指标

E. 比例相对指标　　F. 动态相对指标

13. 总量指标与相对指标的关系表现为（　　）。

A. 总量指标是计算相对指标的基础　　B. 相对指标能补充总量指标的不足

C. 相对指标可表明总量指标之间的关系　　D. 相对指标要与总量指标结合应用

E. 总量指标和相对指标都是综合指标

14. 平均指标（　　）。

A. 是对总体各单位某一数量标志不同数值差异的抽象

B. 是对不同数量标志的平均　　C. 按某一数量标志说明总体的一般水平

D. 是对任何一标志的标志表现的平均　　E. 是总体各单位某一数量标志值的代表值

15. 下列指标中属于平均指标的有（　　）。

A. 全员劳动生产率　　B. 工人劳动生产率

C. 人均国内生产总值　　D. 平均工资

E. 居民家庭收入的中位数

16. 下列指标属于平均指标的是（　　）。

A. 学生身高中位数　　B. 单位产品价格

C. 人均住房面积　　D. 人口平均年龄

E. 人均粮食占有量　　F. 全员劳动生产

17. 加权算术平均数等于简单算术平均数的条件是（　　）。

A. 各组次数相等　　B. 各组变量值相等

C. 变量数列为组距数列　　D. 变量数列为单项数列

E. 各组次数均为1　　F 各组次数占总次数的比重相等

18. 直接将生产某种产品的工人一天生产的某产品数量相加后除以相应的工人人数，这样计算的指标是（　　）。

A. 强度相对数　　B. 算术平均数

C. 平均指标　　D. 位置平均数

E. 简单算术平均数　　F. 加权算术平均数

19. 加权算术平均数的大小（　　）。
A. 受各组变量值大小的影响
B. 受各组次数多少的影响
C. 随 X 的增大而增大
D. 随 X 的减小而减小
E. 与分布次数多少成反比关系
F. 与变量值大小成正比关系
20. 根据同一变量数列资料计算的算术平均数（　　）。
A. 是否加权结果一样
B. 当 $f_i = f_{i+1}$时，是否加权结果一样
C. 当 $f_i \neq f_{i+1}$时，必须加权
D. 当 $f_i \neq f_{i+1}$时，是否加权结果不一样
E. 当 $f_i = f_{i+1}$时，必须加权
21. 众数和中位数（　　）。
A. 都是位置平均数
B. 都是代表值
C. 都不是平均数
D. 都不是代表值
E. 都受极端变量值的影响
F 都不受极端变量值的影响
22. 易受极端值影响的平均指标有（　　）。
A. 算术平均数
B. 调和平均数
C. 几何平均数
D. 中位数
E. 众数
23. 根据组距数列计算的算术平均数（　　）。
A. 用组中值代表该组变量值有假定性
B. 是一个近似的平均数
C. 用组中值代表该组变量值完全符合实际
D. 是一个准确的平均数
E. 数列有开口组比无开口组的准确性更低
24. 标志变异指标（　　）。
A. 是衡量平均指标代表性的尺度
B. 可用来研究现象发展变化的均衡性与协调性
C. 反映现象的集中趋势
D. 反映现象的离中趋势
E. 既反映集中趋势，又反映离中趋势
25. 平均指标与标志变异指标（　　）。
A. 前者反映标志数值的一般水平，后者反映标志数值的差异程度
B. 前者是评价事物的基础
C. 后者是评价事物的基础
D. 后者是评价前者代表性的尺度
E. 后者反映变量分布的集中趋势，前者反映其离散程度
26. 用全距反映被研究标志的变动程度（　　）。
A. 与总体各单位的分配无关
B. 只考虑到总体中最大标志值和最小标志值
C. 取决于总体的平均水平
D. 较全面地说明了各标志值的变动程度
E. 与中间各项标志值的大小无关
27. 标准差指标（　　）。

A. 全面反映了各单位标志值差异的程度
B. 其数值大小与变量值水平无关
C. 其数学处理方法既适合代数演算又增加了自身的灵敏度
D. 其数学处理方法增加了自身的灵敏度，但不适应代数演算

28. 能全面反映总体各单位标志值差异程度的指标有（　　）。
A. 平均数　　B. 全距
C. 平均差　　D. 标准差
E. 全距系数　　F. 标准差系数

29. 利用标准差系数比较两个总体现象平均数代表性大小，适用于以下情况（　　）。
A. 两者的平均数相等　　B. 两者的平均数不等
C. 两个平均数所反映的现象不同　　D. 两个平均数的计量单位不同

30. 标志变异指标（　　）。
A. 是衡量平均指标代表性大小的尺度　　B. 可用来反映社会经济活动过程的均衡性
C. 可用来反映社会经济活动过程的协调性　　D. 可用来反映社会经济活动过程的稳定性

三、判断题

1. 结构相对数一般用百分数表示，其分子和分母一般也只能是时期指标。（　　）
2. 结构相对数只能在分组基础上计算，且分子和分母不能互换位置。（　　）
3. 总量数据也能用复合单位表示。（　　）
4. 用来计算比较相对数的指标既可以是数量指标，也可以是质量指标。（　　）
5. 一个特定总体有多个总体单位总量和总体标志总量。（　　）
6. 在计算简单算术平均数时，每个标志值一般只出现一次，因而其只受各单位标志值（x_i）大小的影响。（　　）
7. 平均指标是根据同质总体内各单位某一数量标志的标志值计算的，因而它不是某一单位的具体数值，而是代表总体某一数量标志的一般水平。（　　）
8. 利用组中值计算的平均数是一个精确的数值。（　　）
9. 在未分组的偶数项数列中，中位数是难以确定的。（　　）
10. 由加权算术平均数公式可知，算术平均数与各组变量值的大小成正比。（　　）
11. 简单算术平均数实际上是权数为 1 的加权算术平均数。（　　）
12. 平均指标代表性大小与其标志变异指标的大小相同。（　　）
13. 由组距数列确定的众数，是一个近似值。（　　）
14. 全距是总体中最大的变量与最小的变量之差。（　　）
15. 直接用标准差比较两个或两个以上同类现象平均数代表性大小的条件是这些现象的平均数相等。（　　）
16. 变量值相同的两个变量数列，它们的标准差也相等。（　　）
17. 总体中各标志值之间的差异程度越大，标准差系数就越小。（　　）
18. 两总体中，组平均水平高的，其总体平均水平也一定高。（　　）
19. 平均差与标准差都表示各标志值对其算术平均数的平均距离。（　　）
20. 平均差实质上是一个平均数。（　　）

21. 根据同一数列计算的平均差和标准差是相等的。（　　）
22. 算术平均数的大小只受总体各单位标志值大小的影响。（　　）
23. 若数据组的平均数为680，标准差为50，则所有观察值都在680±50的范围内。
（　　）
24. 是非标志的标准差是总体中两个成数的几何平均数。（　　）
25. 按人口平均的钢铁产量是一个平均数。（　　）
26. 在对称分布的条件下，高于平均数的离差之和与低于平均数的离差之和相等，全部离差之和一定等于零。（　　）
27. 强度相对数的数值是用复名数表示的，因此都可以计算它的正指标和逆指标。
（　　）
28. 各组结构相对数的数值只能小于1而大于0。（　　）
29. 反映总体内部结构特征的指标只能是结构相对数。（　　）
30. 若两组数据的平均数和标准差都相等，则可以判断其分布是相同的。（　　）
31. 若两个数列的极差相等，则可判断其离中程度相同。（　　）
32. 相对数都是抽象化数值，因此可进行广泛的比较。（　　）
33. 众数是总体中变量值出现最多的次数。（　　）
34. A、B、C三个企业产量计划完成程度分别为95%、100%、105%，则这三个企业产量计划平均完成程度为100%。（　　）
35. 平均差与标准差都表示各标志值对其算术平均数的平均离差。（　　）
36. 直接用标准差比较两个平均数代表性大小的前提条件是两个被比较的平均数相等。
（　　）
37. 当变量数列的单位数不多或单位数虽多但无明显集中趋势时，则不宜计算众数。
（　　）
38. 权数的相对数越大，其对算术平均数的影响也就越大。（　　）
39. 相对指标的计算方法很灵活，分子和分母一般都可以互换。（　　）
40. 甲电视机厂今年电视机产量对乙电视机厂同期产量的比率是比较相对指标。（　　）

四、计算与分析

1. 某股份有限公司2019年计划实现利润5500万元，比上年增长10%，实际超额12%完成计划任务，问2019年的实际利润达到多少万元？实际比上年增长百分之几？

2. 某股份有限公司所属三个分公司 2019 年上半年的有关资料如下表所示：

<table>
<tr><th rowspan="3">企业名称</th><th rowspan="3">第一季度销售利润（万元）</th><th colspan="5">第二季度</th><th rowspan="3">第二季度销售利润与第一季度销售利润之比（%）</th></tr>
<tr><th colspan="2">销售利润（万元）</th><th colspan="2">销售利润比重（%）</th><th rowspan="2">销售计划完成程度（%）</th></tr>
<tr><th>计划</th><th>实际</th><th>计划</th><th>实际</th></tr>
<tr><td>甲</td><td>950</td><td>1000</td><td>（ ）</td><td>（ ）</td><td>（ ）</td><td>（ ）</td><td>110</td></tr>
<tr><td>乙</td><td>1200</td><td>1200</td><td>（ ）</td><td>（ ）</td><td>（ ）</td><td>108</td><td>（ ）</td></tr>
<tr><td>丙</td><td>1700</td><td>（ ）</td><td>1900</td><td>30</td><td>（ ）</td><td>（ ）</td><td>（ ）</td></tr>
<tr><td>合计</td><td>（ ）</td><td>（ ）</td><td>（ ）</td><td>（ ）</td><td>（ ）</td><td>（ ）</td><td>（ ）</td></tr>
<tr><td>指标种类</td><td>总量指标</td><td colspan="2">（ ）</td><td colspan="2">（ ）</td><td>（ ）</td><td>（ ）</td></tr>
</table>

要求：根据表中资料计算填列所缺数字；

3. 某股份有限责任公司员工的月工资收入如下表所示：

按月工资分组（元）	职工人数（人）	各组职工人数所占比重（%）
6000 以下	80	10.00
6000 ~ 8000	120	15.00
8000 ~ 10000	260	32.50
10000 ~ 12000	180	22.50
12000 以上	160	20.00
合　　计	800	100.00

要求：

（1）以员工人数为权数，计算该公司职工的月平均工资水平；

（2）以员工人数比重为权数，计算该公司职工的月平均工资水平。

4. 两个茶叶专卖店销售某种茶叶的资料如下表所示：

茶叶等级	价格（元/斤）	销售额（万元）		计 算 栏			
		甲商店	乙商店				
一级	360	288000	216000				
二级	280	364000	336000				
三级	120	120000	180000				
合　计							

要求：

（1）计算两个茶叶商店已售茶叶的平均等级各为多少？

（2）计算两个茶叶商店已售茶叶的平均价格各为多少？两者为何不同？

5. 某企业第五车间工人年产某零件的分组资料如下表所示：

年产量（万个）	人数（人）	计算栏		
50 以下	3			
50～60	10			
60～70	20			
70～80	50			
80～90	24			
90～100	10			
100 以上	3			
合　　计	120			

要求：

（1）根据上表资料计算众数。

（2）根据上表资料计算中位数。

6. 已知甲公司职工的月平均工资为 7600 元，其标准差为 1600 元；乙公司职工的月工资资料如下表所示：

按月工资额分组（元）	组中值	职工人数（人）	计　算　栏			
5000 以下		6				
5000 ~ 6000		15				
6000 ~ 7000		28				
7000 ~ 8000		38				
8000 ~ 9000		16				
9000 ~ 10000		11				
10000 以上		6				
合　　计						

要求：

（1）计算乙公司职工的月平均工资额和标准差。

（2）比较两公司职工月平均工资的代表性强弱。

第五章

动态数据分析——时间序列分析

一、单项选择题

1. 下列时间序列中属于时点数列的是（　　）。

A. 历年工业增加值
B. 历年银行存款余额
C. 历年粮食产量
D. 历年新增开发区面积
E. 历年招生人数
F. 历年农业机械产量

2. 时间序列中最基本的数列是（　　）。

A. 绝对数时间序列
B. 相对数时间序列
C. 平均数时间序列
D. 时点数列
E. 时期数列

3. 对时间数列进行动态分析的基础指标是（　　）。

A. 发展水平
B. 发展速度
C. 平均发展水平
D. 增长速度

4. 2011 年—2020 年的我国人均粮食占有量时间序列是（　　）。

A. 时点数列
B. 时期数列
C. 相对数时间序列
D. 平均数时间序列

5. 序时平均数又称为（　　）。

A. 平均发展速度
B. 平均发展水平
C. 平均增长速度
D. 静态平均数

6. 时间数列中，每个指标值可以相加的是（　　）。

A. 相对数时间数列
B. 时期数列
C. 平均数时间数列
D. 时点数列

7. 根据时期数列计算平均发展水平，宜采用（　　）。

A. 简单算术平均法
B. 加权算术平均法
C. 首末折半法
D. 几何平均法

8. 历年的银行存款余额时间数列是（　　）。

A. 时期数列
B. 时点数列
C. 平均数时间数列
D. 相对数时间数列

9. 动态数列的构成要素是（　　）。

A. 变量和次数　　B. 主词和宾词

C. 时间和次数　　D. 现象所属时间和对应的指标数值

10. 由间隔不等的时点数列计算平均发展水平，以（　　）为权数。

A. 时期长度　　B. 时点长度

C. 间隔长度　　D. 指标值项数

11. 一般平均数与序时平均数的共同点是（　　）。

A. 两者都是反映现象的一般水平

B. 都可消除现象在时间上波动的影响

C. 都是反映同一总体的一般水平

D. 共同反映同质总体在不同时间上的一般水平

12. 由间隔相等的间断时点数列计算序时平均数的公式是（　　）。

A. $\bar{a}=\frac{\sum a}{n}$　　B. $\bar{a}=\frac{\frac{1}{2}a_1+a_2+\cdots+a_{n-1}+\frac{1}{2}a_n}{n-1}$

C. $\bar{a}=\frac{\sum af}{\sum f}$　　D. $\bar{a}=\frac{\frac{a_1+a_2}{2}f_1+\frac{a_2+a_3}{2}f_2+\cdots+\frac{a_{n-1}+a_n}{2}f_{n-1}}{f_1+f_2+\cdots+f_{n-1}}$

13. 由相对数或平均数时间序列计算序时平均数的基本公式是（　　）。

A. $\bar{c}=\frac{\sum a}{\sum b}$　　B. $\bar{c}=\frac{\bar{a}}{\bar{b}}$

C. $\bar{c}=\frac{\sum c}{n}$　　D. $\bar{c}=\frac{\sum bc}{\sum b}$

14. 累计增长量等于（　　）。

A. 报告期水平与基期水平之差　　B. 报告期水平与前一期水平之差

C. 报告期水平与某一固定基期水平之差　　D. 逐期增长量之差

15. 如果已知各期的环比增长速度，则求总增长速度的方法是（　　）。

A. 将各期环比增长速度连乘

B. 将各期环比增长速度连加

C. 将各期环比增长速度还原为环比发展速度，然后连加，最后减去 1 或 100%

D. 将各期环比增长速度还原为环比发展速度，然后连乘，最后减去 1 或 100%

16. 某县的财政收入 2017 年较 2010 年增长了 46%，2018 年较 2010 年增长了 56%，则 2018 年较 2017 增长了（　　）。

A. 21.74%　　B. 11.6%

C. 12.85%　　D. 6.85%

E. 10%

17. 计算平均发展速度之所以采用几何平均法是因为（　　）。

A. 总速度等于各期环比发展速度的相加和

B. 总速度等于各期环比发展速度的连乘积

C. 总速度等于各期环比增长速度的相加和

D. 总速度等于各期环比增长速度的连乘积

18. 以 1978 年为基期，2018 年为报告期，要计算我国 GDP 的平均发展速度，则应开（　　）次方。

A. 38　　B. 39

C. 40　　D. 41

19. 如果要侧重分析研究现象在各时期的发展水平的累计总和，则计算平均发展速度的方法应该是（　　）。

A. 算术平均法　　B. 调和平均法

C. 几何平均法　　D. 方程式法

20. 计算动态分析指标的基础指标是（　　）。

A. 总量指标　　B. 相对指标

C. 平均指标　　D. 发展指标

21. 按水平法计算平均发展速度侧重考察现象发展的（　　）。

A. 最初水平　　B. 中间各期水平

C. 最末水平　　D. 各期发展水平的累计总和

22. 平均增长速度是（　　）。

A. 环比增长速度的算术平均数　　B. 总增长速度的算术平均数

C. 环比发展速度的算术平均数　　D. 平均发展速度减 100% 或 1

23. 时间数列中的平均发展速度是（　　）。

A. 各时期环比发展速度的调和平均数　　B. 各时期环比发展速度的算术平均数

C. 各时期定基发展速度的调和平均数　　D. 各时期环比发展速度的几何平均数

24. 已知各时期环比发展速度和时期数，便能计算出（　　）。

A. 平均发展速度　　B. 平均发展水平

C. 各期累计增长量　　D. 各期逐期增长量

25. 增长 1% 的绝对值是（　　）。

A. 增长量与增长速度之比　　B. 逐期增长量与定基增长速度之比

C. 增长量与发展速度之比　　D. 前期水平除以 100

26. 定基增长速度与环比增长速度的关系为（　　）。

A. 定基增长速度等于相应的各个环比增长速度的算术和

B. 定基增长速度等于相应的各个环比增长速度的连乘积

C. 定基增长速度等于相应的各个环比增长速度加 1 后的连乘积再减 1

D. 定基增长速度等于相应的各个环比增长速度加 1 后的算术和再减 1

27. 某农贸市场蔬菜价格 2 月份比 1 月份上升 5%，3 月份比 2 月份下降 2%，则 3 月份蔬菜价格与 1 月份相比（　　）。

A. 提高 2.9%　　B. 提高 3%

C. 下降 2.9%　　D. 下降 2%

28. 某地区粮食产量的环比增长速度为：2017 年为 8%，2018 年为 6%，2019 年为 5%，则三年的平均增长速度为（　　）。

A. $\frac{8\% + 6\% + 5\%}{3}$　　B. $\frac{108\% + 106\% + 105\%}{3} - 1$

C. $\sqrt[3]{108\% \times 106\% \times 105\%}$　　D. $\sqrt[3]{108\% \times 106\% \times 105\%} - 1$

29. 采用累计法计算平均发展速度时，若 $\frac{\sum a}{a_0} \div n = 1$，则意味着现象（　　）。

A. 呈增长趋势　　B. 呈下降趋势

C. 呈水平发展趋势　　D. 难以判断

30. 平均增长速度等于平均发展速度（　　）。

A. 减 1　　B. 加 1

C. 加 100　　D. 减 100

31. 某厂今年销售额为 110 万元，去年为 102 万元，则增长速度为（　　）。

A. 7.84%　　B. −7.27%

C. 107.84%　　D. 92.73%

32. 某储蓄所 1 月 ~4 月，月初存款余额（万元）分别为 320、303、324、316，据此，该所第一季度的平均存款余额是（　　）万元。

A. 315.67　　B. 314.33

C. 315　　D. 315.75

33. 某公司 5 年的销售利润分别为：200、220、250、300、320 万元，则平均增长量为（　　）万元。

A. 24　　B. 30

C. 258　　D. 120

34. 已知某地区“十三五”期间各年 GDP 的增长速度分别为 4%、3%、6%、12%、8%，则该地区“十三五”期间 GDP 的年平均增长速度为（　　）。

A. $\sqrt[5]{4\% \times 3\% \times 6\% \times 12\% \times 8\%}$

B. $(104\% + 103\% + 106\% + 112\% + 108\%)/5 - 100\%$

C. $(4\% + 3\% + 6\% + 12\% + 8\%)/5$

D. $\sqrt[5]{104\% \times 103\% \times 1066\% \times 112\% \times 108\%} - 100\%$

35. 用移动平均法修匀时间序列，在确定平均的项数时（　　）。

A. 必须考虑现象有无周期性变动　　B. 不必考虑现象有无周期性变动

C. 可以考虑也可以不考虑周期性变动　　D. 平均的项数必须是奇数

36. 用最小平方法配合直线趋势，如果 $y = a + bx$ 中 b 为正值，则这条直线呈（　　）。

A. 下降趋势　　B. 上升趋势

C. 不升不降　　D. 无法确定

37. 现有 5 年各个季度的资料，用四项移动平均对其进行修匀，则修匀后的时间数列项数为（　　）。

A. 12 项　　B. 16 项

C. 17 项　　D. 18 项

38. 用移动平均法修匀时间数列时，在确定平均的项数时（　　）。

A. 必须考虑现象有无周期性变动
B. 不必须考虑现象有无周期性变动
C. 可以考虑也可以不考虑周期性变动
D. 平均的项数必须是奇数

39. 用最小平方法配合直线趋势，如果 $y=a+bx$ 中 b 为负值，则这条直线呈（　　）。
A. 下降趋势　　B. 上升趋势
C. 不升不降　　D. 无法确定

40. 如果时间数列的逐期增长量大致相等，则适宜配合（　　）。
A. 直线模型　　B. 抛物线模型
C. 曲线模型　　D. 指数曲线模型

二、多项选择题

1. 各项指标值不能直接相加的时间序列有（　　）。
A. 时期数列　　B. 时点数列
C. 相对数时间数列　　D. 平均数时间数列
E. 变量数列

2. 时期数列的特点是（　　）。
A. 指标数值具有可加性　　B. 指标数值不能直接相加
C. 指标数值通过连续登记取得　　D. 指标数值只能间断计量
E. 指标数值的大小与时间长短有直接关系

3. 下列数列中属于时点数列的有（　　）。
A. 历年银行储蓄存款余额　　B. 历年销售利润
C. 各月末职工人数　　D. 各月商品销量
E. 历年粮食库存量

4. 历年的财政收入数列是（　　）。
A. 绝对数时间数列　　B. 相对数时间数列
C. 平均数时间数列　　D. 时期数列
E. 时点数列

5. 时点指标是反映现象总体在某一时点上所达到的总规模或总水平。时点指标数列的特点有（　　）。
A. 指标数值可以相加　　B. 指标数值不能直接相加
C. 指标数值通过连续登记加总取得　　D. 指标数值只能间断计量
E. 有些时点指标数值与时间间隔长短有直接关系

6. 下列社会经济现象属于时期数列的有（　　）。
A. 某商场历年商品库存额　　B. 某商场历年商品销售额
C. 某公司历年新增员工人数　　D. 某公司今年各月月末人数
E. 某企业历年某产品产量

7. 以下数列属于时点数列的有（　　）。
A. 历年的毕业生人数　　B. 历年的销售收入

C. 各月月末在册职工人数　　D. 各月商品库存量

E. 历年的粮食产量

8. 我国的历年国内生产总值数列是（　　）。

A. 时间数列　　B. 绝对数列时间数列

C. 相对数时间数列　　D. 动态数列

E. 平均数数列　　F. 时点数列

9. 发展水平指标（　　）。

A. 是现象在各个时间上达到的规模或水平

B. 泛指时间序列中的各项指标数值

C. 只能是总量指标或统计绝对数

D. 可以是绝对水平，也可以是相对水平或平均水平

E. 一般用“发展到”、“增长到”、“降低到”等字眼表示

10. 时间数列的水平指标具体包括（　　）。

A. 发展水平　　B. 平均发展水平

C. 发展速度　　D. 增长量

E. 增长速度

11. 保证时间数列中各项指标值具有可比性，是编制时间序列的基本原则。所谓可比性，是要求所编制的时间序列（　　）。

A. 时间长短一般应相等　　B. 总体范围应该一致

C. 指标的性质内容要相同　　D. 计算方法应该一致

E. 计算价格和计量单位要统一

12. 时间数列按统计指标的表现形式不同可分为（　　）。

A. 时期数列　　B. 时点数列

C. 绝对数时间数列　　D. 相对数时间数列

E. 平均数时间数列

13. 已知各时期环比发展速度和时期数，便能计算出（　　）。

A. 平均发展速度　　B. 平均发展水平

C. 各期定基发展速度　　D. 各期逐期增长量

E. 累计增长量

14. 平均发展速度是（　　）。

A. 环比发展速度的动态平均数　　B. 环比发展速度的算术平均数

C. 环比发展速度的几何平均数　　D. 各个环比发展速度的代表值

E. 最末水平与最初水平之比的 N—1 次方根

15. 某企业 2017 年营业利润为 50 万元，2020 年为 100 万元，则 2020 年的营业利润比 2017 年（　　）。

A. 增长了 50 万元　　B. 增长了 100%

C. 增长了 50%　　D. 翻了一番

E. 翻了两番

16. 定基发展速度与环比发展速度的数量关系是（　　）。

A. 定基发展速度等于相应的环比发展速度的连乘积
B. 定基发展速度等于相应的环比发展速度之和
C. 两个相邻的定基发展速度之比等于相应的环比发展速度
D. 定基发展速度等于相应的环比发展速度之差
E. 定基发展速度与环比发展速度的基期可以一致

17. 时间数列的速度指标具体包括（　　）。
A. 发展速度　　B. 平均发展速度
C. 增长速度　　D. 平均增长速度
E. 增长量　　F. 平均增长量

18. 下列说法正确的是（　　）。
A. 发展速度等于增长速度加 1　　B. 发展速度等于增长速度减 1
C. 定基发展速度等于定基增长速度加 1　　D. 定基发展速度等于定基增长速度减 1
E. 定基发展速度等于相应的环比发展速度的连乘积

19. 增长百分之一的绝对值所用的计算公式可以是（　　）。
A. 本期水平/100　　B. 基期水平/100
C.（本期水平－基期水平）/100　　D. 本期水平 10%
E.（本期水平－基期水平）/增长速度 100

20. 平均发展水平（　　）。
A. 又称序时平均数
B. 是现象在不同时期发展水平的平均数
C. 是同一时间序列各项指标值的平均数
D. 是各期发展水平的算术平均数
E. 说明某一现象的总量在不同时间上变化的一般水平
F. 包括平均发展速度和平均增长速度

21. 某企业今年上半年的销售收入如下表所示：

月　份	1	2	3	4	5	6
销售收入（万元）	558	678	618	626	640	660

上表中（　　）。
A. 各项指标数值是连续统计的结果
B. 各项指标数值是间接统计的结果
C. 各项指标反映的是现象在一定时期内发展的总量
D. 各项指标反映的是现象在某一时点上发展的总量
E. 各项指标的数值可以相加

22. 由绝对数时间序列计算序时平均数可供选择的公式有（　　）。

A. $\bar{a} = \frac{\sum a}{n}$

B. $\bar{a} = \dfrac{\dfrac{1}{2}a_1 + a_2 + \cdots + a_{n-1} + \dfrac{1}{2}a_n}{n-1}$

C. $\bar{a} = \dfrac{\sum af}{\sum f}$

D. $\bar{a} = \dfrac{\dfrac{a_1+a_2}{2}f_1 + \dfrac{a_2+a_3}{2}f_2 + \cdots + \dfrac{a_{n-1}+a_n}{2}f_{n-1}}{f_1+f_2+\cdots+f_{n-1}}$

E. $\bar{c} = \dfrac{\sum bc}{\sum b}$

23. 已知某地区 2013～2018 年的人口数（万人）分别为 3560、3716、4002、4347、4679，则可计算出（　　）。

A. 2014 年年逐期增长量为 156 万吨人　　B. 2018 年的逐期增长量为 332 万人

C. 2014 年的累积增长量为 156 万吨人　　D. 2018 年的累积增长量为 1119 万人

E. 2013～2018 年的年平均增长量为 186.5 万人

F. 2013 年的逐期增长量和累积增长量均为零

24. 要对社会经济现象发展变化的快慢程度进行分析，就要计算速度指标。常用的速度指标有（　　）。

A. 发展速度　　B. 增减速度

C. 平均发展速度　　D. 平均增长速度

25. 发展水平、增长量、发展速度、增长速度之间的关系是（　　）。

A. 发展速度 = 基期水平 ÷ 报告期水平　　B. 增长速度 = 增长量 ÷ 基期水平

C. 增长速度 = 发展速度 －1 或 100%　　D. 增长量 = 报告期水平 － 基期水平

E. 发展水平 $= \sum$ 增长量

26. 定基发展速度和环比发展速度的数量关系是（　　）。

A. 定基发展速度等于环比发展速度的连乘积

B. 定基发展速度的连乘积等于报告期环比发展速度

C. 两相邻的定基发展速度相除等于相应的环比发展速度

D. 定基发展速度减 1（或 100%）等于环比发展速度

E. 两相邻的环比发展速度相除等于定基发展速度

27. 某企业 2015 年的销售额为 100 万元，2018 年为 200 万元，则 2018 年的销售额比 2015 年（　　）。

A. 增长了 50%　　B. 增长了 100%

C. 增长了 100 万元　　D. 翻了一番

E. 翻了两番　　F. 增长了 1/2 倍

28. 下列不属于动态数列速度分析指标的有：（　　）

A. 平均发展速度　　B. 平均发展水平

C. 平均增长速度　　D. 平均增长量

E. 增长速度

29. 计算平均发展速度可选用的公式有（　　）。

A. $\bar{x} = \sqrt[n]{\prod x}$

B. $\bar{x} = \sqrt[n]{\frac{a_n}{a_0}}$

C. $\bar{x} = \sqrt[n]{R}$

D. $\bar{x} = \frac{\sum x}{n}$

E. $\bar{x} = \sum \sqrt[f]{x_1^{f_1} \cdot x_2^{f_2} \cdot \cdots \cdot x_n^{f_n}}$

F. $x^{-1} + x^{-2} + \cdots + x^{-n} = \frac{\sum a}{a_0}$

30. 用几何平均法计算平均发展速度的要求是（　　）。

A. 各期的推算水平和应等于其实际水平之和

B. 最末期的推算水平应等于其实际水平

C. 最末期推算的定基发展速度等于其实际的定基发展速度

D. 各期推算的环比发展速度分别等于其实际的环比发展速度

E. 各期推算的环比发展速度的连乘积等于其实际环比发展速度的连乘积

31. 平均增长速度与平均发展速度（　　）。

A. 都是动态分析指标

B. 都是动态平均指标

C. 都可用几何平均法或方程式法求得

D. 都为正值

E. 平均发展速度大于 0 时，平均增长速度不一定大于 0

F 平均发展速度等于平均增长速度加 1 或 100%

32. 如果时间序列各期逐期增长量大致相等，则（　　）。

A. 该时间序列可能呈直线增长趋势

B. 可能该时间序列呈直线下降趋势

C. 该时间序列可能呈曲线变化趋势

D. 该时间序列的环比增长速度不会稳定不变

33. 动态数列的影响因素有（　　）。

A. 长期趋势

B. 季节变动

C. 月份变动

D. 循环变动

E. 不规则变动

34. 在用最小平方法配合趋势线之前，需要对趋势线的形状进行判断，即（　　）。

A. 当时间序列中的逐期增长量大致相等时，宜配合趋势直线

B. 当时间序列中的累计增长量大致相等时，宜配合趋势直线

C. 当时间序列中的二次差大致相等时，宜配合曲线

D. 当时间序列中的增长速度大致相等时，宜配合指数曲线

35. 测定长期趋势的方法有（　　）。

A. 时距扩大法

B. 移动平均法

C. 分段平均法

D. 最小平方法

E. 趋势剔除法

三、判断题

1. 编制时点数列，各项指标的时点间隔长短必须保持一致。（　）

2. 通过时间数列前后各时间上指标值的对比，可以反映现象的发展变化过程及其规律。（　）

3. 发展水平是指时间序列中的各项指标数值，它具体反映现象在不同时期或时点上所达到的规模、水平。其表现形式为总量指标。（　）

4. 在时间数列中，报告期水平与基础水平的确定总是与一定的研究目的和任务相联系的。（　）

5. 时期数列中每个指标值的大小和它所对应时期的长短有直接关系。（　）

6. 把某大学历年毕业生人数按时间先后顺序排列而形成的序列属于时期数列。（　）

7. 两个时期数列对应项数值对比而得到的新序列仍然是时期序列。（　）

8. 序时平均数抽象的是现象在不同时间上的数量差异，因而它能够从动态上说明现象在一定时期内发展变化的一般趋势。（　）

9. 无论从数学方法上讲，还是从实践上看，根据连续时点数列计算的序时平均数比根据间断时点数列计算的序时平均数精确。（　）

10. 平均数时间序列可以由一般平均数组成，也可以由序时平均数组成。（　）

11. 把某大学历年招生的人数按时间先后顺序排列，形成的动态数列属于时期数列。（　）

12. 逐期增长量等于两个相邻的累计增长量之差。（　）

13. 因增长量是时期指标，故平均增长量一般用简单算术平均法计算。（　）

14. 逐期增长量之和等于累计增长量，因此累计增长量必定大于各期的逐期增长量。（　）

15. 现象的增长量大于零，说明现象的发展趋势良好。（　）

16. 增减量是反映本期发展水平较上期发展水平的增减绝对量。（　）

17. 若各期的增长量相等，则各期的增长速度也相等。（　）

18. 因为时点没有时期长度，所以时点数列的每个数字不受时期长短的影响。（　）

19. 某时期的环比发展速度等于该时期的定基发展速度除以前一期的定基发展速度。（　）

20. 定基增长速度等于各期环比增长速度的连乘积。（　）

21. 若数列的环比增长速度相等，则其逐期增长量相等。（　）

22. 若根据某现象编制的时间序列共有 n 项指标，用水平法计算其平均发展速度时则应开 $n-1$ 次方。（　）

23. 对同一资料按水平法和按方程式法计算的平均发展速度是相等的。（　）

24. 若某企业销售收入的各期逐期增长量大于零且相等，则该时间序列环比增长速度呈下降趋势。（　）

25. 平均增长速度不是根据各个增长速度直接求得，而是根据平均发展速度计算的。（　）

26. 间隔相等的间断时点数列序时平均数的计算采用“首尾折半简单算术平均法”。 ( )

27. 年距发展速度 = 年距增长速度 + 1。 ( )

28. 时期数列可分为连续性时期数列和间断性时期数列。 ( )

29. 某公司的利润较去年增长了 4 倍，即翻了两番。 ( )

30. 相对数时间序列中的数值相加没有实际意义。 ( )

31. 某公司的利润在一定时期的平均增长速度是正数（正增长），因此其环比增长速度也都是正数。 ( )

32. 只有增长速度大于 100%，才能说明事物的变化是增长的。 ( )

33. 总体的同质性是计算静态平均数和平均速度都应遵守的原则之一。 ( )

34. 某经济现象发展速度越快，说明该经济现象的实力越强。 ( )

35. 时点数列中发展水平反映的是现象在一定时期内达到的规模或水平。 ( )

36. 事物的发展变化是多种因素共同作用的结果，其中长期趋势是根本的因素，反映现象的变动趋势。 ( )

37. 用水平法计算的平均速度，实质上只反映了现象首、末期水平的变化。 ( )

38. 若 $\Sigma a/a_0$ 除以时期数 n 的值大于 1，则说明现象呈递增发展的趋势。 ( )

39. 用方程法计算的平均发展速度的大小取决于各期发展水平总和的大小。 ( )

40. 用半数平均法修匀时间数列时，如果所给时间数列为奇数项，则可把时间数列的第一项删去。 ( )

四、计算题

1. 某股份有限公司 2019 上半年的某原材料库存量如下表所示：

月　　份	1	2	3	4	5	6	7
月初库存量（万斤）	5000	5680	5850	4620	4820	5030	5660

要求：

（1）计算该公司第一季该原材料的平均库存量。

（2）计算该公司第二季度该原材料的平均库存量。

（3）计算该公司上半年该原材料的平均库存量。

2. 某地区为满足市场肉食供应，了解其生猪饲养情况，从 2019 年起对生猪存栏头数进行不定期登记，有关资料如下表所示：

时　　间	上年底	3 月 1 日	4 月 1 日	6 月 30 日	11 月 30 日	12 月底
生猪栏头数（万头）	888	836	820	918	920	966

要求：

（1）计算第一季度的生猪平均存栏头数。

（2）计算上半年的生猪平均存栏头数。

（3）计算全年的生猪平均存栏头数。

3. 某股份有限公司 2019 年上半年的职工人数和销售利润如下表所示：

月　　份	1 月	2 月	3 月	4 月	5 月	6 月
月初职工人数（人）	650	656	673	688	683	686
销售利润（万元）	2380	3586	2820	2560	2880	3020
劳动生产率（万元/人）						

又知该公司 7 月初的职工人数为 676 人，去年 12 月份的销售利润为 2300 万元。

要求：

（1）计算各月份的劳动生产率。

（2）计算 2019 年上半年的月平均职工人数。

（3）计算 2019 年上半年的月平均销售利润。

（4）计算 2019 年上半年的月平均劳动生产率。

（5）计算2019年上半年销售利润的月平均增长量。

4. 某地区2014～2019年的进出口贸易总额如下表所示：

年　　份	2014	2015	2016	2017	2018	2019
进出口贸易总额（亿元）	3150	3880	4200	4600	5240	5880
逐年增长量（亿元）						
累计增长量（亿元）						
环比发展速度（%）						
定基发展速度（%）						
环比增长速度（%）						
定基增长速度（%）						
增长1%的绝对值（亿元）						

要求：

（1）计算表中的逐年增长量和累计增长量、环比发展速度和定基发展速度、环比增长速度和定基增长速度及增长1%的绝对值；

（2）计算 2014 ~ 2019 年间进出口贸易总额的年平均发展速度和平均增长速度；

（3）计算 2014 ~ 2019 年间进出口贸易总额的年平均增长量。

5. 某股份有限责任公司 2014 ~ 2019 年间销售利润的资料如下表所示：

年份	利润额（万元）	与上年比较的动态指标				定基发展速度（%）
		增长量（万元）	发展速度（%）	增长速度（%）	增长 1% 的绝对值（万元）	
2014	500					
2015		50				
2016			110			
2017				8		
2018						
2019		60			7	

要求：计算并填写表中的空缺数字。

6. 某企业 2014 ~2019 年销售收入的有关速度指标如下表所示：

年份	2014	2015	2016	2017	2018	2019
环比增长速度（%）	—	6		9	11	
定基增长速度（%）	—		12			46.35

要求：

（1）计算并填写上表中的空缺数字；

（2）计算 2014 ~2019 年销售收入年平均增长速度；

（3）如果 2019 年销售收入为 800 万元，试按此平均增长速度推算 2020 年的销售收入。

7. 某企业产品销售收入 2015 年比 2010 年翻了一番，2018 年比 2010 年增长了 1.8 倍。问 2018 年比 2015 年增长了百分之几？“十二・五”期间平均每年增长百分之几？如果 2015 年的产品销售收入为 5000 万元，2010 年和 2018 年的产品销售收入各是多少？如果“十三・五”期间继续按“十二・五”期间的平均速度增长，则该企业 2020 年的产品销售收入为多少？

第六章

动态数据分析——统计指数分析

一、单项选择题

1. 某地区2019年的财政收入比2018年增长了16%，这是（　　）。

A. 总指数　　B. 综合指数

C. 广义指数　　D. 狭义指数

2. 总指数的基本形式是（　　）。

A. 个体指数　　B. 综合指数

C. 算术平均数指数　　D. 调和平均数指数

3. 统计指数按其所反映的指标性质不同可分为（　　）。

A. 个体指数和总指数　　B. 数量指标指数和质量指标指数

C. 综合指数和平均数指数　　D. 算术平均数指数和调和平均数指数

4. 数量指标指数的同度量因素一般是（　　）。

A. 基期质量指标　　B. 报告期质量指标

C. 基期数量指标　　D. 报告期数量指标

5. 质量指标指数的同度量因素一般是（　　）。

A. 基期质量指标　　B. 报告期质量指标

C. 基期数量指标　　D. 报告期数量指标

6. 统计指数是一种反映现象变动的（　　）。

A. 绝对数　　B. 相对数

C. 平均数　　D. 序时平均数

7. 商品价格上涨10%，销售量增长20%，则商品销售总额增长（　　）。

A. 30%　　B. 32%

C. 2%　　D. 10%

8. 算术平均数指数（　　）。

A. 对个体数量指标指数进行平均　　B. 对个体质量指标指数进行平均

C. 对个体数量指标进行平均　　D. 对个体质量指标进行平均

9. 某企业今年比去年产量增长了10%，销售收入增长了20%，则产品的价格提高了（　　）。

A. 10%　　B. 30%

C. 100% D. 9.09%

10. 某公司今年的产品单位成本比去年提高了6%，产品产量减少了4%，则该公司的总生产成本（ ）。

A. 提高了1.76% B. 提高了1.9%

C. 下降了4% D. 下降了6.8%

11. 统计指数按其反映的指标的性质可分为（ ）。

A. 静态指数和动态指数 B. 数量指标指数和质量指标指数

C. 综合指数和平均法指数 D. 算术平均数指数和调和平均数指数

E. 个体指数和总指数

12. 商品零售价格指数的同度量因素一般是（ ）。

A. 基期销售量 B. 报告期销售量

C. 计划期收购量 D. 报告期收购量

13. 反映物量变动水平的指数是（ ）。

A. 数量指标指数 B. 综合指数

C. 个体指数 D. 质量指标指数

14. 下列指数属于数量指标指数的是（ ）。

A. 产品产量指数 B. 商品销售额指数

C. 价格指数 D. 产品成本指数

15. 在指数公式中，同度量因素的时期是（ ）。

A. 报告期 B. 基期

C. 分子为基期，分母为报告期 D. 分子分母为同一时期

16. 已知三种商品的基期销售价格和报告期销售价格及报告期销售额资料，计算其价格总指数宜采用（ ）。

A. 数量指标综合指数公式 B. 质量指标综合指数公式

C. 加权算术平均数指数公式 D. 加权调和平均数指数公式

17. 如果居民的生活费用（指数）上涨10%，则现在的一元钱（ ）。

A. 只值原来的0.9元 B. 只值原来的0.91元

C. 值原来的1.1元 D. 难以确定

18. 作为数量指标综合指数变形的加权算术平均数指数，其权数一般是（ ）。

A. p_1q_1 B. P_0q_0

C. p_nq_n D. W

19. 如果商品销售额的增加额为600元，由于销售量增加而使销售额增加了610元，那么（ ）。

A. 由于价格增长使销售额增加10元 B. 由于成本降低使销售额增加了10元

C. 由于价格降低使销售额减少10元 D. 由于成本提高使销售额减少了10元

20. 销售量总指数中指数化的指标是（ ）。

A. 销售价格 B. 销售量

C. 销售额 D. 商品销售量变动对销售额影响的绝对数

21. 狭义的指数是指（ ）。

A. 动态指数　　B. 总指数
C. 定基指数　　D. 个体指数

22. 下列指数属于质量指标指数的是（　　）。
A. 销售价格指数　　B. 销售量指数
C. 销售额指数　　D. 商品销售量变动对销售额影响的绝对数

23. 两因素指数体系中的同度量因素通常（　　）。
A. 都固定在基期　　B. 都固定在报告期
C. 一个固定在基期，另一个固定在报告期　　D. 采用基期和报告期交叉

24. 若价格指数下降，销售额指数持平，则销售量指数（　　）。
A. 下降　　B. 不变
C. 上升　　D. 为零

25. $\sum q_1p_0 - \sum q_0p_0$ 表示（　　）。
A. 由于价格的变动而引起的产值增减数　　B. 由于价格的变动而引起的产量增减数
C. 由于产量的变动而引起的价格增减数　　D. 由于产量的变动而引起的产值增减数

26. 某企业产品产量报告期比基期增长了10%，单位产品成本降低10%，则其总生产成本（　　）。
A. 增加20%　　B. 增加1%
C. 减少1%　　D. 不变

27. 居民用多于基期18%的货币额只能购买多于基期5%的商品量，因为物价（　　）。
A. 上涨13%　　B. 下降13%
C. 上涨12. 38%　　D. 下降12. 38%

28. 某企业报告期产量比基期增长了10%，生产费用增长了8%，则其产品单位成本降低了（　　）。
A. 1. 8%　　B. 2%
C. 20%　　D. 18%

29. 平均指标指数是（　　）。
A. 平均法指数　　B. 个体指数的平均数
C. 由两个平均指标对比形成的指数　　D. 由两个总量指标对比形成的指数

30. 反映总体结构变动的平均指标指数是（　　）。
A. 可变构成指数　　B. 固定结构指数
C. 结构影响指数　　D. 平均法指数

二、多项选择题

1. 统计中通常所讲的指数（　　）。
A. 是一种特殊的动态相对数　　B. 具有平均数的性质
C. 是一种综合性的代表值　　D. 可用来分析现象变动的原因
E. 可用来反映现象在长时间内的变动趋势

2. 某上市公司三种产品报告期的产量为基期的138%，这个指数是（　　）。

A. 个体指数
B. 总指数
C. 数量指标指数
D. 质量指标指数
E. 动态相对数

3. 某上市公司今年的销售（营业）收入是去年的106%，这一相对数为（　　）。

A. 个体指数
B. 总指数
C. 数量指标指数
D. 质量指标指数
E. 动态相对数

4. 数量指标综合指数（　　）。

A. 是编制数量指标指数的基本形式
B. 通常是以基期质量指标作为同度量因素
C. 一般不包含同度量因素变动的影响
D. 在应用时要掌握全面的原始资料
E. 在实践中变形为调和平均数指数的形式

5. 同度量因素在综合指数中的作用有（　　）。

A. 比较作用
B. 平衡作用
C. 权数作用
D. 推算作用
E. 媒介作用

6. 综合指数（　　）。

A. 是两个总量指标对比而形成的动态相对指标
B. 分子、分母分别是两个或两个以上因素的乘积之和
C. 分子、分母中有一个是假定的因素
D. 综合反映多个因素的变动程度
E. 固定一个或一个以上的因素观察另一个因素的变动

7. 质量指标综合指数（　　）。

A. 是编制质量指标指数的基本形式
B. 通常是以报告期数量指标作为同度量因素
C. 一般包含同度量因素变动的影响
D. 其分子与分母的绝对差额有实际经济意义
E. 在实践中常变形为算术平均数指数的形式

8. 下列属于数量指标指数的是（　　）。

A. 进出口贸易总额指数
B. 财政收入指数
C. 税率指数
D. 存款余额指数
E. 产品合格率指数

9. 下列属于质量指标指数的是（　　）。

A. 产品产量指数
B. 商品销售额指数
C. 价格指数
D. 产品单位成本指数
E. 职工人数指数

10. 下列指数中属于质量指标指数的有（　　）。

A. 汇率指数
B. 劳动生产率指数
C. 就业人数指数
D. 工资水平指数
E. 商品流转速度指数

11. 平均法指数（　　）。
A. 是综合指数的变形
B. 是各个个体指数的平均数
C. 其权数可以是总量指标也可以是相对指标
D. 是我国目前编制物价指数的常用方法
E. 有算术平均指数和调和平均数指数之分
12. 统计指数的作用有（　　）。
A. 综合反映社会经济现象总体变动的方向和程度
B. 分析社会经济现象总变动中各构成因素影响的方向和程度
C. 测定各组水平变动和总体结构变动对总体平均指标影响的方向和程度
D. 研究社会经济现象在长时间内变动的趋势或规律
13. 编制总指数的方法有（　　）。
A. 综合指数　　B. 平均法指数
C. 平均指标指数　　D. 可变构成指数
14. 某企业某种商品的价格报告期为基期的115%，这个指数是（　　）。
A. 个体指数　　B. 总指数
C. 综合指数　　D. 平均数指数
E. 质量指标指数
15. 三个地区同一种商品的总平均价格报告期为基期的115%，这个指数是（　　）。
A. 总指数　　B. 可变指数
C. 平均法指数　　D. 平均指标指数
E. 个体指数　　F. 个体指数平均数
16. 数量指标综合指数公式及其计算结果说明（　　）。
A. 多种商品数量综合变动的方向和程度
B. 多种商品价格综合变动的方向和程度
C. 商品数量变动对商品总价变动的影响程度
D. 商品数量变动对商品价格变动的影响程度
E. 分子和分母相减的差额说明由于商品数量变动对商品总价绝对值的影响
17. 指数体系（　　）。
A. 是若干个相互联系的指数组成的整体
B. 不能反映一种产品或商品的因素变动关系
C. 可用作复杂现象总变动的因素分析
D. 各指数间不一定具有客观的数量联系
E. 可通过已知指数推算未知指数
18. 两因素分析（　　）。
A. 研究对象是受两个因素变动影响的现象
B. 所依据的指数体系由三个指数组成
C. 所求得的总变动指数要等于各因素指数的乘积
D. 可从相对数和绝对数两个方面进行分析

E. 可通过已知指数推算未知指数

F. 在分析质量指标变动时，要将数量指标固定在报告期；在分析数量指标变动时，要将质量指标固定在基期

19. 多因素分析（　　）。

A. 研究对象是受三个或更多因素变动影响的现象

B. 所依据的指数体系由三个或更多的指数组成

C. 各影响因素在客观联系的基础上按经济内容的逻辑顺序排列

D. 应该遵循逐一连锁替换分析的原则

E. 分析某一因素变动时必须假定其他因素不变

20. 某种产品的生产总成本 2019 年为 50 万元，比 2018 年多了 2 万元，单位产品成本 2019 年比 2018 年降低了 5%，则（　　）。

A. 生产成本总指数为 104. 17%

B. 生产成本总指数 108. 56%

C. 单位成本指数为 95%

D. 产量指数为 109. 65%

E. 由于成本降低而节约的生产成本为 2. 63 万元

21. 可变构成指数（　　）。

A. 只反映组平均指标的变动

B. 综合反映组平均指标和总体结构的变动

C. 与组指数的变动方向完全一致

D. 在总体结构变动时，与组指数的变动方向一致

E. 其性质属于平均指数

22. 平均指标指数包括（　　）。

A. 固定权数算术平均数指数

B. 固定构成指数

C. 可变构成指数

D. 算术平均数指数

E. 结构影响指数

23. 结构影响指数大于 1，说明（　　）。

A. 基期平均水平较高组数量指标比重下降

B. 基期平均水平较高组数量指标比重上升

C. 基期平均水平较低组数量指标比重不变

D. 基期平均水平较低组数量指标比重下降

E. 基期平均水平较低组数量指标比重上升

24. 在分组条件下，影响总平均指标变动的因素有（　　）。

A. 变量的性质

B. 总体结构变动

C. 总体单位总量变动

D. 组平均水平变动

E. 以上全部因素的变动

25. 某企业报告期的销售收入较基期增长了 20%，这一结果可能是因为（　　）。

A. 销售量未变，价格上涨了 20%

B. 价格未变，销售量增长了 20%

C. 价格上涨了 8%，销售量增长了 11. 11%

D. 价格上涨了 11. 11%，销售量增长了 8%

E. 价格上涨了 12%，销售量增长了 8%

F. 价格上涨了 8%，销售量增长了 12%

三、判断题

1. 统计指数实质上是一个动态相对数，它能反映现象的变动情况和差异程度。（ ）
2. 广义上的统计指数就是各种相对数。（ ）
3. 总指数就是加权指数。（ ）
4. 股票价格指数是一个质量指标。（ ）
5. 质量指标指数是反映内涵变动情况的相对数。（ ）
6. 编制综合指数的关键问题，也就是同度量因素及其时期的选择问题。（ ）
7. 编制加权平均法指数，实质上就是计算个体指数的平均数。（ ）
8. 因素分析是建立指数体系的前提和基础。（ ）
9. 因素分析的目的就是要测定现象总变动中各因素的影响方向和影响程度。（ ）
10. 总指数可分为质量指标指数和数量指标指数，个体指数不能这样分。（ ）
11. 在编制综合指数时，虽然已将同度量因素加以固定，但是同度量因素仍然起着权数的作用。（ ）
12. 质量指标指数是固定质量指标因素，只观察数量指标的综合变动。（ ）
13. 在平均指标变动因素分析中，可变构成指数是专门用来反映总体结构变化影响的指数。（ ）
14. 从狭义上讲，指数体系的若干个指数在数量上不一定存在推算关系。（ ）
15. 在综合指数的编制过程中，指数化的指数是可变的，而同度量因素指标是确定的、唯一的。（ ）
16. 若销售量增长 6%，相应的销售价格下跌 6%，则商品销售额保持不变。（ ）
17. 综合指数都是加权指数。（ ）
18. 加权平均指标指数的变动分析，也是总指数分析法的具体运用。（ ）
19. 平均指标指数体系可以分解为可变指数和结构影响指数。（ ）
20. 对于多因素分析要使用连锁替代法。（ ）
21. 在我国统计实践中，零售物价指数的编制是采用固定权数的加权平均法。（ ）
22. 工资总额增长 10%，平均工资下降 5%，则职工人数应增长 15%。（ ）
23. 多因素分析较两因素分析更深入，所以指数因素分析中因素越多越好。（ ）
24. 数量指标指数和质量指标指数的区分是相对的。（ ）
25. 如果物价上涨 10%，则现在的 100 元钱只值原来的 90%。（ ）
26. 综合指数是根据全面资料计算的，平均数指数是根据非全面资料计算的。（ ）
27. 平均指标对比指数所反映的变动程度，不仅受所平均的经济指标变动的影响，而且受所研究总体内部单位数结构变动的影响。（ ）
28. 只有用平均指标指数体系才能进行加权平均指标变动的因素分析。（ ）
29. 同度量因素所属的时期是可以选择的。（ ）
30. 平均指标指数实际上就是综合指数的变形。（ ）

四、计算与分析题

1. 某企业生产的有关产品产量与价格资料如下表所示：

名称	计量单位	销售量		销售价格（元）	
		基期	报告期	基期	报告期
甲	件	500	800	40	40
乙	个	600	800	30	50
丙	个	800	1000	70	80
合计					

根据表中资料计算：

（1）个体销售量指数和个体价格指数；

（2）销售量综合指数及由于销售量的变动而使销售收入增减数额；

（3）价格综合指数及由于价格的变动而使总产值增加或减少的数额。

2. 某公司的总生产成本与单位生产成本的个体指数如下表所示：

产品名称	报告期总生产成本（万元）	单位成本个体指数（%）
甲	5200	130
乙	8400	120
丙	6600	110
合计		

根据表中资料计算成本综合指数及由于单位成本变动而引起总生产成本变动的增减额。

3. 某公司的销售收入及销售量个体指数如下表所示。

产品名称	销售收入（万元）		销售量个体指数（%）
	基期	报告期	
甲	4200	4500	110
乙	2800	3000	120
丙	3000	3500	125
合计			

根据表中资料计算：

（1）销售收入总指数及销售收入变动的实际增减额；

（2）销售量综合指数及由于销售量变动而引起销售收入变动的增减额；

（3）物价综合指数及由于物价变动而引起销售收入变动的增减额；

（4）用指数体系从绝对数和相对数两方面分析销售量和价格变动对销售收入变动的影响。

4. 某企业有关资料如下表所示。

	2015 年		2019 年		计算栏（%）			
	人数（人）	平均工资（万元）	人数（人）	平均工资（万元）	x_0f_0	x_1f_1	$\frac{f_0}{\sum f_0}$	$\frac{f_1}{\sum f_1}$
	f_0	x_0	f_1	x_1				
普通员工	600	4	1000	8				
中级员工	100	6	150	13				
高级员工	30	8	40	16				
合　计	730		1190					

根据上表资料：

（1）计算 2015 年、2019 年的年平均工资；

（2）计算固定构成指数，分析因各类员工平均工资水平的提高对总平均工资变动的影响。

（3）计算结构影响指数，分析因各类员工人数结构变动对总平均工资变动的影响：

（4）计算可变构成指数，列出具体的指数体系，做出简要分析结论。

第七章

抽样推断

一、单项选择题

1. 抽样调查的主要目的是（　　）。

A. 了解现象发展的具体过程和变化趋势　　B. 对调查单位作深入具体的研究

C. 计算和控制抽样的误差　　D. 为计划和决策提供详细生动的资料

E. 用样本指标对总体综合数量特征作出具有一定可靠程度的推断估计

2. 从总体中选取样本时必须遵循的基本原则是（　　）。

A. 可靠性　　B. 随机性

C. 代表性　　D. 灵活性

3. 样本成数是一个（　　）。

A. 比例相对数　　B. 比较相对数

C. 结构相对数　　D. 强度相对数

4. 某企业三月份生产 A 零件 6000 个，随机不重复抽查其中的 300 个，结果有 9 个为不合格品，这批零件合格率的抽样误差为（　　）。

A. 9.85%　　B. 0.985%

C. 9.6%　　D. 0.96%

5. 能够事先加以计算和控制的误差是（　　）。

A. 登记性误差　　B. 代表性误差

C. 系统性误差　　D. 抽样误差

6. 抽样误差是指（　　）。

A. 调查中所产生的登记性误差　　B. 调查中所产生的系统性误差

C. 随机性的代表性误差　　D. 计算过程中产生的误差

7. 抽样误差（　　）。

A. 既可以避免，也可以控制　　B. 既不可以避免，也不可以控制

C. 可以避免，但不可以控制　　D. 不能避免，但可以控制

8. 各样本指标（　　）。

A. 都是随机变量　　B. 都不是随机变量

C. 有些是随机变量，有些不是随机变量　　D. 既是随机变量，又是非随机变量

9. 重复抽样条件下的抽样平均误差与不重复抽样条件下的相比（　　）。

A. 前者总是大于后者　　B. 前者总是小于后者

C. 两者总是相等　　D. 不能确定大小

10. 全及总体是唯一确定的，样本（　　）。

A. 也是唯一确定的　　B. 有无数个

C. 不是唯一确定的　　D. 有有限个

11. 抽样调查中，无法消除的误差是（　　）。

A. 随机误差　　B. 责任性误差

C. 登记性误差　　D. 系统性误差

12. 在重复简单随机抽样中，抽样平均误差要减少为原来的1/3，则样本单位数就要扩大到原来的（　　）。

A. 4倍　　B. 2倍

C. 3倍　　D. 9倍

13. 抽样调查组织方式中最基础的方法是（　　）。

A. 等距抽样　　B. 整群抽样

C. 类型抽样　　D. 简单随机抽样

14. 总体均值服从正态分布，根据（　　），样本均值也服从正态分布。

A. 统计推断　　B. 正态分布

C. 中心极限定理　　D. 抽样分布

15. 抽样平均误差公式中的校正因子$\sqrt{\frac{N-n}{N}}$，其值是（　　）。

A. 确定的　　B. 小于1大于0的

C. 大于1的　　D. 等于1的

16. 在抽样平均误差一定的情况下，概率越大，即抽样估计的可靠程度提高，其精确程度将（　　）。

A. 随之扩大　　B. 随之缩小

C. 不变　　D. 无法确定

17. 电视台对某谈话类节目的观众群进行抽样调查，其中80%的观众是40岁左右的人，抽样平均误差为2%。当概率为95.45%时，40岁左右的年轻人在该观众群中所占的比重（　　）。

A. 大于84%　　B. 在76%于84%之间

C. 小于76%　　D. 等于78%

18. 反映抽样指标与总体指标之间的抽样误差的可能范围的指标标是（　　）。

A. 抽样极限误差　　B. 概率度

C. 抽样误差系数　　D. 抽样平均误差

19. 在抽样推断中，样本容量（　　）。

A. 越大越好　　B. 越小越好

C. 取决于抽样比例　　D. 应当适度

20. 当有几个方差资料可供选用时，计算抽样平均误差通常取其中（　　）。

A. 最大的一个　　B. 最小的一个

C. 其平均数　　D. 难以确定

21. 抽样极限误差的实际意义是（　　）

A. 期望样本指标被包含在全及指标加、减一个 Δ 的范围内

B. 期望全及指标被包含在样本指标加、减一个 Δ 的范围内

C. 全及指标一定被包含在样本指标加、减一个 Δ 的范围内

D. 样本指标一定被包含在全及指标加、减一个 Δ 的范围内

22. 点估计（　　）。

A. 不考虑抽样误差及可靠程度　　B. 考虑抽样误差及可靠程度

C. 适用于推断的准确度要求高的情况　　D. 无需考虑无偏性、有效性、一致性

23. 相对而言，用样本指标去推断相应的全及指标，点估计的可靠性比区间估计的（　　）。

A. 高　　B. 低

C. 基本相同　　D. 时高时低

24. 区间估计的置信度是指（　　）。

A. 概率度　　B. 概率保证程度

C. 抽样允许误差的大小　　D. 抽样平均误差的大小

25. 区间估计的三个基本要素是（　　）。

A. 样本容量、抽样平均误差、概率度　　B. 概率度、点估计值、误差范围

C. 概率度、点估计值、抽样平均误差　　D. 概率度、总体单位数、误差范围

26. 某市某管理区有个体工商户 2000 户，据抽样调查，漏税户占抽样总户数的 50%，平均每户漏税金额为 2000 元，若用点估计推算，该市个体工商户的漏税总额为（　　）。

A. 400 万元　　B. 20 万元

C. 200 万元　　D. 100 万元

27. 区间估计中全及指标所在的范围（　　）。

A. 是一个具有一定把握程度的可能范围　　B. 是一个绝对可靠的范围

C. 是一个毫无把握的范围　　D. 与抽样平均误差的大小无关

28. 在抽样平均误差既定时，概率度 t 值越大（　　）。

A. 抽样极限误差越小　　B. 估计区间越小

C. 推断的准确程度越高　　D. 全及指标落入估计区间的可能性越大

29. 在其他条件相同的条件下，重复抽样所需的样本单位数比不重复抽样（　　）。

A. 多　　B. 少

C. 相等　　D. 难以判断

30. 如果进行一次抽样调查，同时对总体平均数和成数等进行估计，按样本容量计算公式求出的样本容量 $n_{\bar{x}}$ 与 n_p 通常是不相等的。为了同时满足两个推断的要求，通常（　　）作为确定样本容量的依据。

A. 采用其中较大的 n 值　　B. 采用其中较小的 n 值

C. 采用 $n_{\bar{x}}$ 与 n_p 的算术平均值　　D. 采用 n_p 与 n_p 几何平均数

二、多项选择题

1. 常用的抽样组织形式有（ ）。
A. 重复抽样
B. 类型抽样
C. 不重复抽样
D. 纯随机抽样
2. 从一个全及总体中抽取一系列样本，则（ ）。
A. 样本指标的数值不是唯一确定的
B. 样本指标随着样本的不同而不同
C. 总体指标是随机变量
D. 样本指标也是随机变量
3. 抽取样本单位的方法有（ ）。
A. 重复抽样
B. 简单随机抽样
C. 等距抽样
D. 不重复抽样
E. 整群抽样
4. 在全面调查和抽样调查中都存在的误差是（ ）。
A. 系统性误差
B. 登记性误差
C. 责任心误差
D. 技术性误差
E. 代表性误差
5. 在总体 100 个单位中，抽取 40 个单位，下列说法中正确的是（ ）。
A. 样本个数 40 个
B. 样本容量 40 个
C. 是一个大样本
D. 是一个小样本
E. 一个样本有 40 个单位
6. 确定必要抽样单位数应考虑的因素有（ ）。
A. 总体各单位标志变动程度
B. 抽样组织方式
C. 点估计和区间估计
D. 抽样方法
7. 抽样估计中的抽样误差（ ）。
A. 是可以通过改进调查方法来消除的
B. 只能在调查结束后才能计算
C. 是可以事先计算并控制的
D. 是不可避免的
8. 以下影响抽样误差大小的因素有（ ）。
A. 样本容量
B. 抽样组织方式
C. 置信度
D. 抽样方法
9. 简单随机抽样（ ）。
A. 抽样之前应当对总体个单位进行编号
B. 最符合随机原则
C. 最简单的抽样形式
D. 其他抽样组织形式的基础
10. 重复抽样的特点是（ ）。
A. 每次抽样时，总体单位始终不变
B. 每次抽样时，总体单位依次减少
C. 各单位被抽中的机会在各次抽样中相等
D. 各单位被抽中的机会在各次抽样中不等
E. 各次抽选相互独立
11. 不重复抽样与重复抽样相比有如下特点（ ）。

A. 调查成本低些　　B. 样本数目可能多些
C. 调查范围大些　　D. 总体中的每个单位不会被重复抽取
E. 调查时间长些

12. 登记性误差是指数据采集与整理过程中由于各种主观或客观原因的影响如（　　）等所产生的误差。

A. 有意虚报或瞒报数据　　B. 抄录差错
C. 观察、测量、登记、计算上的差错　　D. 调查单位数太少

13. 纯随机抽样（　　）。

A. 应用最为广泛
B. 抽样效果较整群抽样理想
C. 从理论上讲最符合随机原则
D. 是设计其他抽样组织方式的基础和抽样效果的比较标准

14. 在进行类型抽样时（　　）。

A. 先要将总体单位分为若干类　　B. 要从各类中抽选一定单位组成样本
C. 有等比例和不等比例等抽样方法　　D. 计算抽样误差时应注重组内方差
E. 其误差一般来说比纯随机抽样的要小

15. 区间估计必须具备的要素是（　　）。

A. 点估计量　　B. 置信区间
C. 置信度　　D. 概率
E. 抽样平均误差

16. 影响抽样单位数的因素有（　　）。

A. 被调查标志的变异程度　　B. 允许误差
C. 概率度　　D. 抽样方法
E. 抽样的组织方式

17. 抽样推断中缩小抽样误差的方法有（　　）。

A. 缩小总体方差　　B. 适当增加抽样数目
C. 最大限度地增加抽样数目　　D. 改进抽样组织方式
E. 改重复抽样为不重复抽样

18. 适合采用抽样推断的有（　　）。

A. 连续大量生产的某种生活用品的质量检验
B. 学生生活费支出情况
C. 具有破坏性与消耗性的产品质量检验
D. 对全面调查资料进行评价与修正
E. 食品质量检验

19. 是非变量（即“0，1 变量”）的（　　）。

A. 平均数是 P　　B. 方差为 $P(1-P)$
C. 标准差为 $[P(1-P)]^{1/2}$　　D. 方差的最大值为 0.25
E. 标准差的最大值为 0.5

20. 计算抽样平均误差时，若缺乏总体标准差，可用以下资料代替（　　）。

A. 样本标准差　　　　　　　　　　　　B. 总体以前的标准差

C. 必要时组织试点调查取得标准差资料　D. 估计的标准差

21. 抽样极限误差（　　）。

A. 是个别样本指标同总体指标的实际离差

B. 是抽样推断中可允许的误差范围

C. 是可允许的样本指标同总体指标离差的绝对值

D. 是一个可能的误差范围

E. 是一个绝对可靠的误差范围

F. 可以大于抽样平均误差，也可以小于或等于抽样平均误差

22. 在其他条件一定的情况下，抽样误差的大小（　　）。

A. 与总体方差的大小成正比　　　　　B. 与抽样数目的大小成反比

C. 受不同抽样方法的影响　　　　　　D. 受不同抽样组织形式的影响

E. 受调查者主观意志的影响

23. 抽样推断中常用的总体指标的估计区间公式有（　　）。

A. $\bar{x}-t\cdot\mu_x\leqslant\bar{x}\leqslant\bar{x}+t\cdot\mu_x$　　B. $(\bar{x}-t\cdot\mu_x)N\leqslant\bar{Y}\leqslant(\bar{x}+t\cdot\mu_x)N$

C. $p-t\cdot\mu_p\leqslant P\leqslant p+t\cdot\mu_p$　　D. $(p-t\cdot\mu_p)N\leqslant N_1\leqslant(p+t\cdot\mu_p)N$

24. 实施区间估计的一般步骤包括（　　）。

A. 根据抽样资料计算样本指标，或根据不同抽样方法计算抽样平均误差

B. 根据给定的概率查表得出概率度 t 值，并据此计算出平均极限误差

C. 根据给定的概率查表得出概率度 t 值，并据此计算出抽样极限误差

D. 根据调查目进行相应的估计区间

25. 在进行区间估计时（　　）。

A. 若扩大抽样误差的范围，则会降低推断的可靠性

B. 若缩小抽样误差的范围，则会降低推断的准确性

C. 若提高推断的准确性，则会缩小抽样误差的范围

D. 若降低推断的可靠性，则会提高推断的准确性

E. 若提高推断的可靠性，则会扩大抽样误差范围

三、判断题

1. 抽样推断中，作为推断对象的总体和作为观察对象的样本是确定的，唯一的。（　　）
2. 由于总体指标是唯一的，所以样本指标也是唯一的。（　　）
3. 有意选择样本单位所造成的误差不是抽样误差。（　　）
4. 样本容量是指从总体中可能抽取的样本数目。（　　）
5. 一般情况下，抽样方法中，不重复抽样的抽样误差较重复抽样的要小一些。（　　）
6. 抽样误差是抽样法本身所固有的，但可以尽量避免。（　　）
7. 抽样平均误差就是样本指标的标准差。（　　）
8. 抽样调查不仅存在抽样误差，而且也存在登记误差。（　　）
9. 对于无限总体，不能进行全面调查，只能使用抽样推断。（　　）

10. 点估计就是以样本指标的实际值，直接作为总体指标的估计值。（　）

11. 抽样极限误差大于抽样平均误差。（　）

12. 抽样推断的可靠性就是精确度。（　）

13. 样本成数是抽样总体中具有被研究标志表现的单位数占全部相应样本单位数的比重。（　）

14. 重复抽样需要的样本单位数目总是比不重复抽样的多。（　）

15. 计算抽样误差时，若有几个成数资料可供选择，则应取其平均值。（　）

16. 不重复抽样条件下，总体中的每个单位最多只有一次被抽取的机会。（　）

17. 当总体单位数不多、差异较小时适宜采用简单随机抽样方式。（　）

18. 抽样极限误差是最大的抽样误差，因此总体指标必须落在样本指标和极限误差共同构成的区间之内。（　）

19. 类型抽样是把统计分组和抽样原理有机结合的一种抽样组织方式。（　）

20. 抽样总体中的每个单位都必须具有代表性。（　）

四、计算分析题

1. 质检部门对某公司生产的 A 产品随机抽选了 200 件进行质量检验，其中不合格品有 5 件，当概率为 99.73% 时，问该公司 A 产品的合格率是否高于 98%？

2. 某手机生产厂家生产并销售一款新型手机，该厂欲调查购买此款产品的消费者年龄段，于是在不同地区随机抽取了 500 名消费者进行调查，结果发现使用该新型手机的消费者平均年龄为 35 岁，若要求允许误差不超过 3 岁，试估计该新型手机的消费者的年龄范围。（已知 $\sigma=28$）

3. 对某城市进行居民家庭小汽车拥有量调查，从该地区 100000 户居民家庭中随机抽取 500 户，其中 65% 的家庭拥有小汽车，试计算其抽样平均误差。

4. 某企业从其生产的20000件A产品中随机抽取一部分A产品进行重量检查，根据上次产品质量检查情况，可知 $\sigma=3$ 斤，若以95.45%的概率保证产品重量的误差不超过0.6斤，那么至少应抽取多少产品?

5. 某机电设备企业对其生产的1000台A设备进行质量检查。根据以往资料，该设备的合格率为98%，试计算：

（1）在95.45%的概率保证下，若合格率的极限误差范围不超过2%，在重复抽样条件下，应抽取多少台设备?

（2）仍根据上述条件，若在不重复抽样条件下，应抽取多少台?

（3）若要同时满足（1）（2）的要求，应抽取多少台?

第八章

相关与回归分析

一、单项选择题

1. 相关关系是（　　）。

A. 现象间客观存在的依存关系　　B. 现象间的一种非确定性的数量关系

C. 现象间的一种确定性的数量关系　　D. 现象间存在的函数关系

2. 当自变量 x 的值增加，因变量 y 的值也随之增加，两变量之间存在着（　　）。

A. 直线相关　　B. 曲线相关

C. 负相关　　D. 正相关

3. 当自变量 x 的值增加，因变量 y 的值也随之减少，两变量之间存在着（　　）。

A. 直线相关　　B. 曲线相关

C. 负相关　　D. 正相关

4. 一般来说，随着居民收入不断增加，居民储蓄存款额也会相应增加，则二者之间的关系是（　　）。

A. 负相关　　B. 正相关

C. 零相关　　D. 曲线相关

5. 变量之间存在着的不严格的或非确定性的数量依存关系是（　　）。

A. 函数关系　　B. 相关关系

C. 回归关系　　D. 因果关系

6. 下列现象中存在函数关系的是（　　）。

A. 职工的收入水平越高，其购买力越大

B. 学习时间增加，学习成绩随之提高

C. 产品价格一定时，销售额随着销售量的增加而增加

D. 医疗卫生水平越高，人均寿命增加

7. 合理施肥量与农作物亩产量之间的关系是（　　）。

A. 单项因果关系　　B. 互为因果关系

C. 函数关系　　D. 严格的依存关系

8. 相关关系是指变量之间（　　）。

A. 严格的关系　　B. 不严格的关系

C. 任意两个变量之间关系　　D. 有内在但不严格的数量依存关系

9. 价格愈低，商品需求量愈大，这两者之间的关系是（　　）。

A. 复相关　　B. 不相关

C. 正相关　　D. 负相关

10. 判断现象之间相关关系密切程度的量化分析方法是（　　）。

A. 作定性分析　　B. 制作相关图

C. 计算相关系数　　D. 计算回归系数

11. 相关图又称（　　）。

A. 散点分布图　　B. 折线图

C. 曲线图　　D. 统计图

12. 若工人的技术等级与产品合格率之间的相关系数等于0.95，可以断定两者是（　　）。

A. 显著相关　　B. 高度正相关

C. 正相关　　D. 负相关

E. 高度负相关

13. 如果变量 x 和变量 y 之间的相关系数为 -0.96，这说明两个变量之间是（　　）。

A. 低度相关关系　　B. 完全相关关系

C. 高度相关关系　　D. 高度不相关

14. 现象之间的相关关系越密切，则。

A. 相关系数越大，回归误差也越大　　B. 相关系数越小，回归误差也越小

C. 相关系数越大，回归误差越小　　D. 相关系数越小，回归误差越大

15. 一个因变量与多个自变量的依存关系是（　　）。

A. 单相关　　B. 线性相关

C. 非线性相关　　D. 复相关

16. 若 y 随着 x 的变化而等比例变化，则 y 与 x 的关系是（　　）。

A. 单相关　　B. 线性相关

C. 非线性相关　　D. 复相关

17. 若 $|r|$ 在0.3～0.5之间，则表明两变量（　　）。

A. 无直线相关　　B. 显著相关

C. 低度相关　　D. 高度相关

18. 相关分析与回归分析的一个重要区别是（　　）。

A. 前者研究变量之间的关系程度，后者研究变量间的变动关系，并用方程式表示

B. 前者研究变量之间的变动关系，后者研究变量间的密切程度

C. 两者都研究变量间的变动关系

D. 两者都不研究变量间的变动关系

19. 当所有观测值都落在回归直线上，则这两个变量之间的相关系数为（　　）。

A. 1　　B. -1

C. +1 或 -1　　D. 大于 -1，小于 +1

20. 配合回归方程比较合理的方法是（　　）。

A. 移动平均法　　B. 半数平均法

C. 散点法　　D. 最小平方法

21. 下列说法不是负相关的是（　　）。
A. 自变量（x）的数值增加，因变量的（y）的数值也相应增加
B. 自变量（x）的数值增加，因变量的（y）的数值相应减少
C. 自变量（x）的数值减少，因变量的（y）的数值反而增加
D. 自变量（x）的数值减少，因变量的（y）的数值不变
22. 身高越高，体重越重，则身高与体重之间的关系是（　　）。
A. 负相关　　B. 正相关
C. 虚假相关　　D. 复相关
E. 不相关
23. 可直观判断变量之间相关关系密切程度的方法是（　　）。
A. 制作相关图表　　B. 进行定性分析
C. 计算相关系数　　D. 计算回归系数
24. 相关系数的取值范围为（　　）。
A. $r>0$　　B. $0\leqslant r\leqslant 1$
C. $-1\leqslant r\leqslant 1$　　D. $-1\leqslant r\leqslant 0$
E. $r<0$
25. 相关系数 $r=-0.9$，表明现象之间的相关程度为（　　）。
A. 不相关　　B. 微相关
C. 低度相关　　D. 显著相关
E. 高度相关
26. 月劳动生产率 x（万元）和员工工资 y（元）之间的回归方程为 $y_c=8+50x$，这意味着月劳动生产率每提高 10000 元，员工的工资平均（　　）。
A. 增加 50 元　　B. 减少 50 元
C. 增加 8 元　　D. 减少 8 元
27. 直线回归方程 $y_c=a+bx$ 中的回归系数 b 表示（　　）。
A. 自变量 x 每增加一个单位，因变量 y 增加的数量
B. 自变量 x 每减少一个单位，因变量 y 减少的数量
C. 自变量 x 每减少一个单位，因变量 y 增加的数量
D. 自变量 x 每增加一个单位，因变量 y 平均增加或减少的数量
28. 运用回归方程估计的因变量的数值与其实际值（　　）。
A. 总是一致的　　B. 根本不可能一致
C. 可能一致，也可能不一致　　D. 多数情况下一致，少数情况下不一致
29. 下列回归方程与相关关系的对应式中，错误的是（　　）。
A. $y_c=8+50x$，$r=-0.9$　　B. $y_c=-8+50x$，$r=0.9$
C. $y_c=8-50x$，$r=-0.9$　　D. $y_c=8+50x$，$r=0.9$
30. 用最小平方法配合的趋势线，必须满足的一个基本条件是（　　）。
A. $\sum(y-y_c)^2=$ 最小值　　B. $\sum(y-y_c)=$ 最小值
C. $\sum(y-y_c)^2=$ 最大值　　D. $\sum(y-y_c)=$ 最大值

二、多项选择题

1. 判断现象间是否存在相关关系的主要方法有（　　）。

A. 定性判断　　B. 相关表

C. 相关图　　D. 相关系数

E. 标准差系数

2. 当两变量完全相关时，则（　　）。

A. $r = -1$　　B. $r = +1$

C. $r = 0$　　D. $r = 0.5$

3. 相关分析（　　）。

A. 分析对象是相关关系

B. 分析方法是配合回归方程

C. 分析方法主要是绘制相关图和计算相关系数

D. 分析目的是确定自变量和因变量

E. 分析的目的是判断现象之间相关关系的密切程度，并配合相应的回归方程以便进行推算和预测

4. 下列现象中存在相关关系的有（　　）。

A. 职工家庭收入不断增长，其消费支出也相应增长

B. 产量不断增加，单位成本相应下降

C. 税率一定，纳税额随销售收入增加而增加

D. 商品价格一定，销售额随销量增加而增加

E. 农作物收获率随着施肥量的合理增加而提高

5. 商品流通费用率与商品销售额之间的关系是（　　）。

A. 相关关系　　B. 函数关系

C. 正相关　　D. 负相关

E. 单相关

6. 相关系数（　　）。

A. 是测定两个变量间有无相关关系的指标

B. 是在线形相关条件下测定两个变量间相关关系密切程度的指标

C. 也能表明变量之间相关的方向

D. 其数值大小决定有无必要配合回归方程

E. 与回归系数密切相关

7. 相关关系与函数关系的关系是（　　）。

A. 同一关系　　B. 毫无关系

C. 现象之间的关系值是否确定的关系　　D. 都是现象间的一种数量依存关系

E. 相关关系通常用函数关系的形式近似地表达

F. 函数关系可看作是相关关系的一种特殊情形

8. 下列属于相关关系的是（　　）。

A. 学习时间与学习成绩的关系　　B. 农作物产量和合理施肥量的关系

C. 商品销售额和利润率的关系　　D. 产品产量与单位成品成本的关系

E. 财政支出与投资规模的关系

9. 下述关系中存在负相关关系的是（　　）。

A. 身高与体重之间的关系

B. 商品价格和销售量之间的关系

C. 单位产品成本和单位原材料消耗量之间的关系

D. 银行存款利率和股指之间的关系

10. 现象间的相关关系按相关形式不同分为（　　）。

A. 正相关　　B. 负相关

C. 直线相关　　D. 曲线相关

E. 不相关

11. 银行存款利率与存款额之间的关系是（　　）。

A. 相关关系　　B. 函数关系

C. 单相关　　D. 复相关

E. 正相关　　F. 负相关

12. 用相关系数表示两种现象线性相关密切程度时，其值（　　）。

A. 愈接近于1，现象间的相关关系愈密切

B. 愈接近于0，现象间的相关关系愈弱

C. 愈接近于-1，现象间的相关关系愈弱

D. 愈接近于1，现象间的正相关关系愈强

E. 为-1，表明现象间无相关关系

13. 高度相关的相关系数应是（　　）。

A. -0.86　　B. 0.86

C. 0.70　　D. -0.70

E. 0.9

14. 如果x和Y之间的相关系数等于-1，则（　　）。

A. 理论值与实际值之间不存在离差　　B. x和Y之间为函数关系

C. x和Y之间完全正相关　　D. x和Y之间完全负相关

E. x和Y之间无相关

15. 相关关系的特点是（　　）。

A. 现象之间确实存在数量上的依存关系　　B. 现象之间不确定存在数量上的依存关系

C. 现象之间的数量依存关系值是不确定的　　D. 现象之间的数量依存关系值是确定的

16. $y_c = 550 - 30x$ 表示变量间的关系是（　　）。

A. 单相关　　B. 复相关

C. 正相关　　D. 负相关

E. 线性相关

17. 现象间的相关关系按相关方向分为（　　）。

A. 正相关　　B. 负相关

C. 直线相关　　D. 曲线相关

E. 不相关

18. $y_c = a + bx$ 中的 b 是（　　）。

A. 截距　　B. 斜率

C. 回归系数　　D. 相关系数

E. 当 x 增减一个单位时，y 增减的平均数

19. 建立一元线性回归方程是为了（　　）。

A. 说明变量之间的数量变动关系

B. 通过给定自变量数值来估计因变量的可能值

C. 确定两个变量间的相关程度

D. 用两个变量相互推算

E. 用给定的因变量数值推算自变量的可能值

20. 配合一元线性回归方程应当具备的条件包括（　　）。

A. 现象间确实存在数量上的相互依存关系

B. 现象间的关系是直线关系，这种直线关系可用散点图来表示

C. 具备一组自变量与因变量的对应资料，且能明确哪个是自变量，哪个是因变量

D. 两个变量之间不是对等关系

E. 自变量是随机的，因变量是给定的值

21. 由直线回归方程 $Y = a + bx$ 所推算出来的 Y 值（　　）。

A. 是一组估计值　　B. 是一组平均值

C. 是一个等差级数　　D. 可能等于实际值

E. 与实际值的离差平方和等于 0

22. 下列直线回归方程中，（　　）是错误的。

A. $Y = 135 + 0.6x$，$r = 1.08$　　B. $Y = -524 + 164x$，$r = 0.88$

C. $Y = 186 - 12x$，$r = -0.92$　　D. $Y = 477 - 46x$，$r = 0.81$

E. $Y = 177 + 1.2x$，$r = -0.88$

23. 在直线回归方程中（　　）。

A. 在两个变量中须确定自变量和因变量

B. 回归系数只能取正值

C. 回归系数和相关系数的符号是一致的

D. 要求两个变量都是随机的

E. 要求因变量是随机的，而自变量是给定的

24. 直线回归方程（　　）。

A. 建立前提条件是现象之间具有较密切的直线相关关系

B. 关键在于确定方程中的参数 a 和 b

C. 表明两个相关变量间的数量变动关系

D. 可用来根据自变量值推算因变量值，并可进行回归预测

E. 回归系数 b = 0 时，相关系数 r = 0

25. 下列回归方程与相关关系的对应式中，错误的是（　　）。

A. $y_c = 120 + 500x$，$r = -0.95$　　B. $y_c = -18 + 150x$，$r = -0.9$

C. $y_c = 80 - 57x$，$r = -0.88$　　D. $y_c = 48 - 556x$，$r = 0.9$

26. 某公司甲产品的单位生产成本（Y）（元）与员工劳动生产率（X）（台/人）之间的回归直线方程为 $Y = 120 - 65X$，则（　　）。

A. 65 为回归系数

B. 120 为回归直线的起点值

C. 表明员工劳动生产率每增加 1 台/人，单位生产成本平均提高 65 元

D. 表明员工劳动生产率每增加 1 台/人，单位生产成本平均下降 65 元

E. 表明员工劳动生产率每减少 1 台/人，单位成本平均提高 120 元

三、判断题

1. 判断现象之间是否存在相关关系必须计算相关系数。（　　）
2. 当直线相关的相关系数 r = 0 时，说明变量之间不存在任何关系。（　　）
3. 回归系数 b 的符号与相关系数 r 的符号一般相同，但有时也不同。（　　）
4. 相关系数的数值越大，说明相关程度越高；反之，相关程度越低。（　　）
5. $y_c = 80 - 1057x$，$r = 0.98$，说明 x、y 之间存在高度的正相关关系。（　　）
6. 若直线回归方程式：$y_c = 128 - 17x$，则可判断 x 和 y 之间存在负相关关系。（　　）
7. 计算相关系数时，应首先确定自变量和因变量。（　　）
8. 按变量之间的相关强度不同，相关关系可分为正相关和负相关。（　　）
9. 相关系数是说明两个现象之间直线相关条件下相关密切程度的统计分析指标。（　　）
10. 公司员工的文化水平和技术水平的提高，使得其劳动生产率也不断提高。这种关系是一种不完全的正相关关系。（　　）
11. 相关分析与回归分析是在定性分析基础上进行的定量分析。（　　）
12. 甲产品产量与单位生产成本间的相关系数是 -0.89。乙产品单位成本与利润率的相关系数是 -0.93。因此，甲比乙的相关程度高。（　　）
13. 生产规模扩大，其单位产品生产成本降低。这种相关关系属于正相关。（　　）
14. 一元线性回归方程中 b 大于 0，表示两个变量之间存在正相关关系。（　　）
15. 若 x、y 同向变动，则它们存在着正相关关系；若 x、y 异向变动，则他们存在着负相关系。（　　）
16. 回归分析和相关分析一样，所分析的两个变量一定都是随机变量。（　　）
17. 如两组资料的协方差相同，则说明这两组资料的相关方向也相同。（　　）
18. 在直线回归分析中，x、y 是对等关系，无须区分自变量和因变量。（　　）
19. 正相关点的离差乘积之和必定大于 0。（　　）
20. 回归分析中计算的估计标准误就是因变量的标准差。（　　）

四、计算分析题

1. 某市 2010 年至 2019 年的个人货币收入和消费支出资料如下表所示：

年　　份	货币收入（亿元）	消费支出（亿元）	计　算　栏				
2010	100	91					
2011	115	104					
2012	120	110					
2013	139	118					
2014	152	136					
2015	166	144					
2016	178	156					
2017	186	160					
2018	201	178					
2019	218	189					
合计							

要求：

（1）绘制相关图，判断货币收入与消费支出之间相关关系的形式；

（2）计算相关系数，说明货币收入与消费支出之间相关关系的密切程度；

（3）如果有必要，试建立以货币收入为自变量的回归方程。

2. 六个地区某种商品的销售量与销售价格的资料如下表所示：

地区编号	销售量（亿件）	价格（元/件）	计算栏		
1	2	73			
2	3	72			
3	4	71			
4	3	73			
5	4	69			
6	5	68			
合计					

要求：

（1）计算销售量与价格的相关系数，确定其相关程度；

（2）求出销售量对销售价格的直线回归方程，并指出销售价格每下降 1 元时，商品销售量平均增加多少？

（3）计算回归直线的估计标准差。

第九章

EXCEL 在统计中的应用

一、单选题

1. Excel 是（　　）。

A. 数据库管理软件

B. 文字处理软件

C. 电子表格软件—电子表格软件主要用于处理数据

D. 幻灯片制作软件

2. 下面哪个文件可用 EXCEL 进行编辑（　　）。

A. 动物 . ppt　　B. 我和我的祖国 . mp3

C. 销售收入 . xls　　D. 实用工具 . zip

3. 当在 Excel 中进行操作时，若某单元格中出现“#VALUE!”的信息时，其含义是（　　）。

A. 在公式单元格引用不再有效　　B. 单元格中的数字太大

C. 计算结果太长超过了单元格宽度　　D. 公式中使用了错误的数据类型

4. 表中有两列数据，分别位于单元格 B2 至 B11 和 C2 至 C11，要求这两列数据间的相关系数，并存放于单元格 E1，可在 E1 中输入函数公式（　　）。

A. =CORREL（B2：C11）　　B. CORREL（B2：B11，C2：C11）

C. =CORREL（B2：B11，C2：C11）　　D. =COREL（B2：B11，C2：C11）

5. Excel 中表示均值的函数是（　　）。

A. AVERAGE　　B. MODE

C. MEDIAN　　D. VAR

6. Excel 中表示众数的函数是（　　）。

A. AVERAGE　　B. MODE

C. MEDIAN　　D. MAX

7. Excel 中表示中位数的函数是（　　）。

A. MIN　　B. MODE

C. MEDIAN　　D. MAX

8. 在 Excel 2003 中计算标准差，除了对方差进行开方求得外，还可直接利用 Excel 中计算标准差的函数（　　）求得。

A. MODE　　B. STDEV

C. AVERAGE　　D. VAR

9. 在设置表头时，当我们在单元格 A1 中已经输入“考试成绩”时，为了使该表头占据 5 列位置，要选中（B）单元格，并单击（　　）工具按钮，使 5 个单元格合并为 1 个单元格，且表头文字置于整个单元格的正中间。

A. A1 至 A5，合并及居中　　B. A1 至 E1，合并及居中

C. A1 至 E1，左对齐　　D. A1 至 E1，右对齐

10. 在 Excel 中进行回归分析的步骤为：绘制（　　）→利用回归分析工具建模。

A. 折线图　　B. 散点图

C. 柱形图　　D. 条形图

11. 下列关于 Excel 图表的说法，正确的是（　　）。

A. 图表不能嵌入在当前工作表中，只能做为新工作表保存

B. 无法从工作中产生图表

C. 图表只能嵌入在当前工作表中，不能做为新工作表保存

D. 图表既可以嵌入在当前工作表中，也能做为新工作表保存

12. 在 Excel 中进行回归分析的基本步骤顺序为（　　）：

①绘制散点图　　②模型的假设检验

③模型的应用　　④模型的参数估计

⑤建立理论模型

A. ①②③④⑤　　B. ①⑤④②③

C. ⑤①④②③　　D. ⑤①②④③

13. 在某企业职工月工资统计表中，总工资和平均工资是通过公式计算出来的，如果该企业某位职工工资输入错误，则（　　）。

A. 需要重新修改该企业所有职工的工资

B. 重新输入计算公式

C. 只需修改该职工的工资，总工资和平均工资会自动更正

D. 会出现错误信息

14. 在 EXCEL 电子表格的操作中，如果要直观的反应数据的发展趋势，应采用（　　）。

A. 柱形图　　B. 折线图

C. 饼图　　D. 气泡图

15. 复制工作表的四个基本步骤，正确的顺序是：①右击要复制工作表标签②选定复制工作表位置，建立副本③点击“移动或复制工作表”④点击“确定”（　　）。

A. ②①③④　　B. ③②①④

C. ②③④①　　D. ①③②④

二、多项选择题

1. Excel 中的基本概念包括（　　）。

A. 对话框　　B. 单元格

C. 工作簿　　D. 工作表

2. Excel 可以用于（　　）。

A. 处理表格　　B. 统计分析

C. 创建图表　　D. 制作演示文稿

3. 在 Excel 单元格中将数字做为文本输入，下列方法正确的是（　　）。

A. 先输入单引号，再输入数字

B. 直接输入数字

C. 先设置单元格格式为“文本”，再输入数字

D. 先输入“=”，再输入双引号和数字

4. 下列属于 Excel 图表类型的有（　　）。

A. 饼图　　B. XY 散点图

C. 曲面图　　D. 圆环图

5. 属于 Excel 中运算符的是（　　）。

A. *　　B. &

C. @　　D. ^

6. Excel 中分类汇总功能可以对相同类型的数据进行统计，方式主要包括（　　）。

A. 求和　　B. 计数

C. 平均值　　D. 最大值

7. 若要对 A1 至 A5 单元格内的四个数字求平均值，可采用的公式或函数有（　　）。

A. SUM（A1：A5）/5　　B. AVEREAGE（A1：A5）

C. （A1 + A2 + A3 + A4 + A5）/5　　D. （A1：A5）/5

8. 在 Excel 中，工作表“销售量”中的 A2：A100 中包含所有的销售数据，在工作表“汇总”中需要计算机销售总额，可采用哪些方法（　　）。

A. 在工作表“汇总”中，输入“=销售量!（A2：A100）”

B. 在工作表“汇总”中，输入“=SUM 销售量!（A2：A100）”

C. 在工作表“销售量”中，选中（A2：A100）区域，并在名称框输入“sales”在工作表“汇总”中，输入“=sales”

D. 在工作表“销售量”中，选中（A2：A100）区域，并在名称框输入“sales”在工作表“汇总”中，输入“=SUM（sales）”

9. Excel 数据分析工具可以分析的是（　　）。

A. 相关分析　　B. 描述统计

C. 回归分析　　D. 方差分析

10. 要在学生成绩表中筛选出统计学成绩在 80 分以上的同学，可通过（　　）。

A. 自动筛选　　B. 自定义筛选

C. 高级筛选　　D. 条件格式

11. 在 Excel 中，下面可用来设置和修改图表的操作有（　　）。

A. 改变分类轴中的文字内容　　B. 改变系列图标的类型及颜色

C. 改变背景墙的颜色　　D. 改变系列类型

12. 下列关于 Excel 的“排序”功能，说法正确的有（　　）。

A. 可以按行排序　　B. 可以按列排序

C. 允许有多个排序关键字　　　　　　　　D. 可以自定义序列排序

13. 在 Excel 中，移动和复制工作表的操作中，下面正确的是（　　）。

A. 工作表能移动到其他工作簿中　　　　　B. 工作表不能复制到其他工作簿中

C. 工作表不能移动到其他工作簿中　　　　D. 工作表能复制到其他工作簿中

14. 关于 excel 函数下面说法正确的有哪些？（　　）

A. 函数就是预定义的内置公式　　　　　　B. sum( ) 是求最大值函数

C. 按一定语法的特定顺序排序进行计算　　D. 在某些函数中可以包含子函数

15. 在 EXCEL 中，向单元格中输入数据的正确操作是（　　）。

A. 输入文本数字时，先输入一个单引号，再输入数字

B. 若要输入上午 8：00，可以直接输入 8：00

C. 日期可按“MM/DD/YY”的格式输入

D. 输入分数时，先输入数字 0 和一个空格，再输入分数

二、判断题

1. Excel 不仅可以利用公式进行简单的代数运算，还可以用于复杂的数学模型的分析。（　　）

2. 在 excel 中，公式 sum（A1：A3）＊3^2 的含义是：A1、A2、A3、A4 单元格的和乘以 3 的 2 次方。（　　）

3. 在 EXCEL 中，复制操作只能在同一个工作表中进行。（　　）

4. EXCEL 可对多列的数据进行求和。（　　）

5. 在 EXCEL 中，输入公式必须以“＝”开头，输入函数时直接输入函数名，而不需要以“＝”开头。（　　）

6. 在 Excel 中，当操作数据发生变化时，公式的运算结果会发生变化。（　　）

7. 在 Excel 中，执行“编辑”／“图表”命令可建立图表。（　　）

8. 在 Excel 中，当产生图表的基础数据发生变化后，图表将发生相应的改变。（　　）

9. 对某一单元格的数据进行编辑时，可以左键单击单元格使它进入编辑状态。（　　）

10. EXCEL 单元格只能显示公式的值，不能显示公式。（　　）

四、案例分析题

1. 某班 10 位同学助理会计师考试成绩如下表所示：

学生成绩统计表

单位：分

学号	姓名	性别	会计基础	财经法规	总分
1901	赵一	女	92	78	
1902	钱二	男	75	88	
1903	孙三	女	52	76	
1904	李四	女	88	67	
1905	王五	男	75	67	

续表

学号	姓名	性别	会计基础	财经法规	总分
1906	周六	男	69	87	
1907	吴七	女	78	60	
1908	郑八	女	72	55	
1909	刘九	男	80	92	
1910	高拾	男	97	94	
平 均 成 绩					

要求：

（1）在最后一列计算出每一位同学的总分，在最后一行对应的位置算出各科的平均分（保留2位小数）；

（2）按总分由高到低排序（降序排列）；

（3）找出每科成绩都及格的同学。

2. 下表是某企业职工月工资表，试求出该企业职工工资中的最高金额、最低金额、平均金额、中位数金额、众数金额以及第二高金额等。

某公司职工月工资情况表　　单位：元

编号	部门	职位	员工姓名	金额
A001	业务部	经理	A	30000
A002	业务部	副经理	J	15000
A003	业务部	职员	H	10000
A004	业务部	职员	M	8000
A005	管理部	经理	D	15000
A006	管理部	职员	R	10000
A007	管理部	职员	L	8000
A008	技术部	经理	B	20000
A009	技术部	职员	Lu	8000
A010	技术部	职员	Ma	12000
A011	后勤部	职员	Jo	4000
A012	后勤部	职员	Mi	5000

3. 某商场举行有奖促销活动，需要根据当天顾客的小票号码抽取 10 名幸运顾客返还 100 元的消费券，已知当天顾客小票编号为 00001 ~ 60000，试采用随机抽样确定出幸运顾客的编号。

4. 随机抽出 8 家企业，得到其广告费支出和销售额数据如下表所示。

8 家企业广告费支出和销售额情况　　单位：元

	广告支出	销售额
1	100	1900
2	200	3200
3	400	4400
4	600	4000
5	1000	6000
6	1400	8000
7	2000	10000
8	3000	16000

要求：

用广告费作自变量 x，销售额作因变量 y，试应用散点图和趋势线确定销售额和广告费用的回归方程。

5. 某班 60 名学生本学期期末《统计基础》考试成绩如下表所示：

某班 60 名同学《统计基础》成绩　　单位：分

67	62	75	80	63	68	80	75	87	82
87	76	85	82	67	98	71	75	92	73
95	88	90	88	71	70	87	75	53	62
60	61	90	63	74	57	80	77	63	75
72	72	75	67	70	85	72	95	65	75
73	60	90	73	80	63	58	74	62	72

要求：

（1）编制 60 名同学统计基础成绩的分布表；

（2）绘制 60 名同学统计基础成绩分布直方图；

（3）计算 60 名同学成绩的平均数以及标准差。

综合模拟试题一

一、单项选择题（每小题 1 分，共 20 分）

1. 下列关于数据的表述错误的是（　　）。

A. 数据是对客观事物的符号表示，是用于表示客观事物的规模、水平和质量等素材

B. 数据可用数字、图形、表格、符号、字母等表示

C. 传统数据基本上是结构型数据，即定量数据加上少量专门设计的定性数据

D. 大数据包括了一切可记录、可存储的信号，拥有自己统一的数据分类标准

2. 在调查企业 600 名职工的收入情况时，总体单位是（　　）。

A. 该企业每一名职工　　B. 该企业 600 名职工

C. 该企业 600 名职工的收入情况　　D. 该企业每一名职工的收入情况

3. 某公司员工张明的月工资为 9100 元，则"月工资"是（　　）。

A. 标志值　　B. 品质标志名称

C. 数量标志名称　　D. 数量指标

4. 数据不实是统计数据质量最常见的问题，也是影响最坏的数据质量问题。这类统计数据主要是由于（　　）。

A. 人造数字　　B. 调查不实

C 代表性不足　　D. 汇总差错

5. 我国对市场的灯管、食品等产品质量情况进行调查的调查方法是（　　）。

A. 统计报表　　B. 普查

C. 重点调查　　D. 抽样调查

E. 典型调查

6. 某市进行一次物价大检查，规定在 12 月 20 日至 12 月底之间全部完成，这一时间规定是指（　　）。

A. 登记时间　　B. 调查时间

C. 调查期限　　D. 标准时间

7. 某学生《统计基础》期末考试成绩为 70 分，在分组时应把它归在哪一组（　　）。

A. 60 ~ 70 分　　B. 70 ~ 80 分

C. 80 分以上　　D. 以上都不对

8. 统计表的形式应该是（　　）。

A. 上下要封顶，左右要开口　　B. 上下不封顶，左右要开口

C. 上下要封顶，左右不开口　　D. 上下不封顶，左右不开口

9. 统计分组的对象是（　　）。

A. 总体　　　　B. 总体单位

C. 指标　　　　D. 标志

10. 本年出生婴儿中，男性占51.2%，女性占48.8%，这是（　　）。

A. 比例相对数　　　　B. 结构（比重）相对数

C. 比较相对数　　　　D. 强度相对数

11. 某企业5月份计划要求销售利润比上月增长8%，实际增长12%，其计划完成程度超额完成为（　　）。

A. 103.70%　　　　B. 3.70%

C. 150.00%　　　　D. 50.00%

12. 某公司近五年的营业利润分别为：200万、220万、250万、300万、320万元，则年平均增长量为（　　）万元。

A. $\frac{320-200}{4}$　　　　B. $\frac{320-200}{5}$

C. $\sqrt[5]{\frac{320}{200}}$　　　　D. $\sqrt[4]{\frac{320}{200}}$

13. 某公司近四年销售利润的环比增长速度分别为：3%、5%、8%、13%，则其平均发展速度为（　　）。

A. $\sqrt[4]{3\% \times 5\% \times 8\% \times 13\%}$　　　　B. $\sqrt[4]{103\% \times 105\% \times 108\% \times 113\%}$

C. $\sqrt[4]{3\% \times 5\% \times 8\% \times 13\%}-1$　　　　D. $\sqrt[4]{103\% \times 105\% \times 108\% \times 113\%}-1$

14. 最常用的加权调和平均数指数是（　　）。

A. $\overline{K_q}=\frac{\sum k_p p_0 q_0}{\sum p_0 q_0}$　　　　B. $\overline{k_q}=\frac{\sum p_0 q_o}{\sum \frac{1}{k_q} p_0 q_0}$

C. $\overline{k_p}=\frac{\sum k_q p_1 q_1}{\sum q_1 p_1}$　　　　D. $\overline{k_p}=\frac{\sum p_1 q_1}{\sum \frac{1}{k_p} p_1 q_1}$

E. $\overline{k_p}=\frac{\sum p_1 q_1}{\sum p_0 q_1}$　　　　F. $\overline{K_q}=\frac{\sum q_1 p_0}{\sum q_0 p_0}$

15. 各样本指标（　　）。

A. 都是随机变量　　　　B. 都不是随机变量

C. 有些是随机变量，有些不是随机变量　　　　D. 既是随机变量，又是非随机变量

16. 抽样调查组织方式中最基础的方法是（　　）。

A. 等距抽样　　　　B. 整群抽样

C. 类型抽样　　　　D. 简单随机抽样

17. 当有几个方差资料可供选用时，计算抽样平均误差通常取其中（　　）。

A. 最大的一个　　　　B. 最小的一个

C. 其平均数　　　　D. 难以确定

18. 当自变量x的值增加，因变量y的值也随之增加，两变量之间存在着（　　）。

A. 直线相关　　B. 曲线相关

C. 负相关　　D. 正相关

19. 月劳动生产率 x（万元）和员工工资 y（元）之间的回归方程为 $y_c = 8 + 50x$，这意味着月劳动生产率每提高 10000 元，员工的工资平均（　　）。

A. 增加 50 元　　B. 减少 50 元

C. 增加 8 元　　D. 减少 8 元

20. 下列关于选择 Excel 单元格的方法，说法错误的是（　　）。

A. 只能选择单个单元格　　B. 可以选择连续的多个单元格

C. 可以选择不连续的多个单元格　　D. 可以选定工作表的所有单元格

二、多项选择题（每小题 2 分，共 30 分）

1. 数据可用（　　）等表示。

A. 数字　　B. 图形或表格

C. 符号　　D. 字母

2. 选择调查课题应遵循（　　）等原则。

A. 目的性原则　　B. 科学性原则

C. 创造性原则　　D. 可行性原则

E. 价值性原则

3. 统计调查报告的标题通常有（　　）等写法。

A. 直叙式　　B. 提问式

C. 复合式　　D. 动态式

4. 变量数列中频率应满足的条件是（　　）。

A. 各组频率大于 0　　B. 各组频率大于 1

C. 各组累计频率之和等于 1　　D. 各组累计频率之和小于 1

E. 各组累计频率之和大于 0

5. 甲企业与乙企业 2019 年的利润分别为 50 万元和 60 万元，甲企业 2020 年的利润为 60 万元，则（　　）。

A. 比较相对数为 83.33%　　B. 比较相对数为 120%

C. 动态相对数为 120%　　D. 甲、乙两企业利润发展速度为 120%

E. 甲、乙两个企业利润发展速度为 100%

6. 平均指标与标志变异指标（　　）。

A. 前者反映标志数值的一般水平，后者反映标志数值的差异程度

B. 前者是评价事物的基础

C. 后者是评价事物的基础

D. 后者是评价前者代表性的尺度

7. 时间数列的水平指标具体包括（　　）。

A. 发展水平　　B. 平均发展水平

C. 发展速度　　D. 增长量

E. 增长速度

8. 某企业2016年的销售额为200万元，2019年为400万元，则2019年的销售额比2016年（　　）。

A. 增长了50%　　B. 增长了100%

C. 增加了200万元　　D. 翻了一番

E. 翻了两番　　F. 增长了1/2倍

9. 某种产品的生产总成本2019年为50万元，比2018年多了2万元，单位产品成本2019年比2018年降低了5%，则（　　）。

A. 生产成本总指数为104.17%　　B. 生产成本总指数108.56%

C. 单位成本指数为95%　　D. 产量指数为109.65%

E. 由于成本降低而节约的生产成本为2.63万元

10. 某企业报告期的销售收入较基期增长了20%，这一结果可能是因为（　　）。

A. 销售量未变，价格上涨了20%

B. 价格未变，销售量增长了20%

C. 价格上涨了8%，销售量增长了11.11%

D. 价格上涨了11.11%，销售量增长了8%

E. 价格上涨了12%，销售量增长了8%

F. 价格上涨了8%，销售量增长了12%

11. 确定必要抽样单位数应考虑的因素有（　　）。

A. 总体各单位标志变动程度　　B. 抽样组织方式

C. 点估计和区间估计　　D. 抽样方法

12. 影响抽样单位数的因素有（　　）。

A. 被调查标志的变异程度　　B. 允许误差

C. 概率度　　D. 抽样方法

E. 抽样的组织方式

13. 下列属于相关关系是（　　）。

A. 学习态度与学习成绩的关系　　B. 收入和支出的关系

C. 劳动生产率和利润率的关系　　D. 产品产量与单位成品成本的关系

E. 身高与体重的关系

14. 下列直线回归方程中，（　　）是错误的。

A. $Y = 135 + 0.6x$，$r = 1.08$　　B. $Y = -524 + 164x$，$r = 0.88$

C. $Y = 186 - 12x$，$r = -0.92$　　D. $Y = 477 - 46x$，$r = 0.81$

E. $Y = 177 + 1.2x$，$r = -0.88$

15. Excel提供的图形工具有（　　）等。

A. 柱形图　　B. 折线图

C. 饼图　　D. 散点图

E. 面积图

三、判断题（正确用√表示，错误用×表示，每小题1分，10分）

1. 在人口普查中，人口数和人口的平均年龄等均为离散型变量。（　　）

2. 在人口普查中某人的性别为男或女，年龄为 28 或 35 岁等，这里“性别”、“年龄”等是标志名称，而“男”或“女”“28”或“35”是品标志表现，即标志值。（　　）

3. 在企业设备调查中，其调查单位和填报单位是一致的。（　　）

4. 重点调查中重点单位的选择不受人为因素的影响。（　　）

5. 统计分组的关键是正确选择分组标志和划分各组界限。（　　）

6. 众数是现象总体中出现次数最多的标志值，它与中位数一样均是位置平均数，不易受极端值影响，可用来表明现象一般水平。（　　）

7. 某企业 1 ~4 月各月初在册人数分别为：144、150、140、146 人，则该企业月平均人数是 $\dfrac{\dfrac{144}{2}+150+140+\dfrac{146}{2}}{4-1}=145$（人）。（　　）

8．编制数量指标综合指数时，一般以基期的质量指标作为同度量因素；编制质量指标时，一般以报告期的数量指标作为同度量因素。（　　）

9. 撰写统计调查报告时一定要强调和注重报告的文学性、可读性，切忌简单明了地表达调查的结果。（　　）

10. 相关分析与回归分析是在定性分析基础上进行的定量分析。（　　）

四、简答题（5 分）

序时平均数与一般平均数（静态平均数）区别。

五、计算题（共 35 分）

1. 某企业甲、乙两个品种产品单位生产成本分组资料如下表所示：(15 分)

单位成本（元/公斤）	产量（公斤）		计　算　栏		
	甲品种	乙品种			
20 ~ 30	4	1			
30 ~ 40	9	7			
40 ~ 50	2	9			
50 以上	1	3			
合　计	16	20			

要求：

（1）分别计算两品种的平均单位成本。(5 分)

（2）分别计算两品种单位成本的标准差。(5 分)

（3）分别计算两品种单位成本的离散系数。(2 分)

（4）通过计算说明哪个品种的平均单位成本的代表性强。(3 分)

2. 某企业甲、乙两种商品的销售量和销售价格资料如下表所示：(20 分)

商品	计量单位	销售量		价格（元）		计　算　栏		
		基期	报告期	基期	报告期			
甲	万辆	100	105	20	22			
乙	万台	40	80	5	7			
合计								

要求：

(1) 计算销售量个体指数和价格个体指数。(2 分)

(2) 计算销售收入指数及销售收入变动的实际增减额。(5 分)

(3) 计算销售量综合指数及由于销售量的变动而引起销售收入变动的增减额。(5 分)

（4）计算物价指数及由于价格变动而引起销售收入变动的增减额。(5 分)

（5）建立指数体系并从绝对数和相对数两方面分析销售量和价格变动对销售收入变动的影响。(3 分)

综合模拟试题二

一、单项选择题（每小题 1 分，共 20 分）

1. （　　）是离散变量。

A. 税率　　B. 学校所数

C. 平均工资　　D. 产品合格率

E. 销售利润　　F. GDP

2. 统计调查报告的（　　）是对统计调查报告内容的高度概括，也是编制索引、查阅文献的重要线索。

A. 标题　　B. 前言

C. 注释　　D. 署名

3. 调查问卷按采集数据的方式分为（　　）。

A. 访问问卷和“邮寄”问卷　　B. 无结构问卷和结构型问卷

C. 封闭型提问和开放型提问　　D. 绩效问卷和问题问卷

4. 民间统计调查特点是（　　）。

A. 自愿性和营利性　　B. 强制性和有偿性

C. 自愿性和无偿性　　D. 强制性和无偿性

5. 等距分组适合于（　　）。

A. 现象数量变化比较均匀且有明显的集中趋势

B. 现象的数量呈水平趋势变动　　C. 现象的数量急剧升降变动

D. 现象的数量按一定比率变动　　E. 一切现象

6. 企业按职工人数分组，其首组为开口组，上限为 100，又知其邻组的组中值为 150，则首组的组中值为（　　）。

A. 80　　B. 50

C. 100　　D. 难以确定

7. 某公司计划今年的销售利润比上年提高 10%，实际提高了 6%，则该公司销售利润计划完成程度为（　　）。

A. 60%　　B. 103. 77%

C. 96. 36%　　D. －4%

E. －40%

8. 由组距数列确定众数时，如果众数组的两个邻组的次数相等，则（　　）。

A. 众数仍然为变量值出现最多的次数　　B. 众数组的组中值就是众数

C. 众数组的上限就是众数　　D. 众数组的下限就是众数

E. 众数组各单位变量值的平均数为众数

9. 已知某市两个大型商场职工工资的标准差分别为：$\sigma_{甲}=1160$ 元，$\sigma_{乙}=1180$ 元。则两个企业职工平均工资的代表性是（　　）。

A. 甲 > 乙　　B. 甲 = 乙

C. 甲 < 乙　　D. 难以判断

10. 2010~2020 年的我国人均 GDP 时间序列是（　　）。

A. 时点数列　　B. 时期数列

C. 相对数时间序列　　D. 平均数时间序列

11. 某市的财政收入 2018 年较 2010 年增长了 50%，2019 年较 2010 年增长了 60%，则 2019 年较 2018 增长了（　　）。

A. 20%　　B. 10%

C. 120%　　D. 110%

E. 6.67%

12. 某储蓄所 1 月 ~4 月，月初存款余额（亿元）分别为 20、30、32、36，据此，该所第一季度的平均存款余额是（　　）万元。

A. 29　　B. 28.67

C. 26.67　　D. 27.33

13. 如果时间数列的各期逐期增长量大致相等，则可初步判断现象呈现（　　）。

A. 直线趋势　　B. 抛物线趋势

C. 曲线趋势　　D. 指数曲线趋势

14. 若商品价格上涨 8%，销售量增长 16%，则商品销售总额增长（　　）。

A. 14.48%　　B. 24%

C. 12.8%　　D. 8%

15. 某公司职工的总平均工资比基期提高了 20%，职工人数结构变动指数为 110%，则各类职工的平均工资水平（　　）。

A. 提高 10%　　B. 下降 10%

C. 提高 9.09%　　D. 下降 90.9%

16. 重复抽样条件下的抽样平均误差与不重复抽样条件下的相比（　　）。

A. 前者总是大于后者　　B. 前者总是小于后者

C. 两者应当相等　　D. 非通过计算难以确定大小

17. 抽样调查组织方式中最基础的方法是（　　）。

A. 等距抽样　　B. 整群抽样

C. 类型抽样　　D. 简单随机抽样

18. 如果变量 x 和变量 y 之间的相关系数为 -0.97，这说明两个变量之间是（　　）。

A. 低度相关关系　　B. 完全相关关系

C. 高度相关关系　　D. 高度不相关

19. 月劳动生产率 x（万元）和员工月工资 y（元）之间的回归方程为 $y_c=10+80x$，这意味着月劳动生产率每提高 1 万元，则员工的月工资平均（　　）。

A. 增加 80 元　　B. 减少 80 元

C. 增加10元　　D. 减少10元

20. 每一个Excel工作簿默认（　　）工作表标签，可以添加/删除Excel工作表。

A. 2个　　B. 3个

C. 4个　　D. 5个

二、多项选择题（每小题2分，共30分）

1. 统计数据的形式多种多样，其具体形式可表现为（　　）。

A. 统计表　　B. 统计图

C. 统计公报　　D. 统计年鉴或统计手册

E. 统计分析报告

2. 产生数据质量问题的主要原因有（　　）。

A. 工作态度问题　　B. 部门重视不够

C. 基层力量薄弱　　D. 组织目标不明

3. 选择调查课题的要求主要是（　　）。

A. 要面向社会实践选题　　B. 选题要具体明确

C. 选题要有创新性　　D. 选题要有可行性

4. 访问法主要包括（　　）。

A. 面谈访问法　　B. 邮寄访问法

C. 电话访问法　　D. 网络访问法

5. 一般来说，一份统计调查报告的基本结构是由（　　）等部分组成。

A. 题目　　B. 摘要

C. 正文　　D. 结尾

6. 某单位500名职工按其月工资额分为：5000元以下、5000~7000元、7000~9000元、9000~11000元、11000元以上等五组。这一分组（　　）。

A. 是等距分组　　B. 分组标志是离散变量

C. 末组组中值为12000元　　D. 相邻的组限是重叠的

E. 某职工工资7000元，应统计在“7000~9000”这一组

7. 下列指标中属于时期指标的有（　　）。

A. 年度新生婴儿数　　B. 粮食产量

C. 油库成品油存量　　D. 进口贸易总额

E. 发展速度

8. 不易受极端值影响的平均指标有（　　）。

A. 算术平均数　　B. 调和平均数

C. 几何平均数　　D. 中位数

E. 众数

9. 根据组距数列计算的算术平均数（　　）。

A. 用组中值代表该组变量值有假定性　　B. 是一个近似的平均数

C. 用组中值代表该组变量值完全符合实际　　D. 是一个准确的平均数

E. 数列有开口组比无开口组的准确性更低

10. 下列说法正确的是（　　）。
A. 发展速度等于增长速度加 1
B. 发展速度等于增长速度减 1
C. 定基发展速度等于定基增长速度加 1
D. 定基发展速度等于定基增长速度减 1
E. 定基发展速度等于相应的环比发展速度的连乘积
11. 发展水平、增长量、发展速度、增长速度之间的关系是（　　）。
A. 发展速度 = 基期水平 ÷ 报告期水平　　B. 增长速度 = 增长量 ÷ 基期水平
C. 增长速度 = 发展速度 − 1 或 100%　　D. 增长量 = 报告期水平 − 基期水平
12. 某公司生产的 A 产品的价格报告期为基期的 108%，这个指数是（　　）。
A. 个体指数　　B. 总指数
C. 综合指数　　D. 平均数指数
E. 质量指标指数
13. 确定必要抽样单位数应考虑的因素有（　　）。
A. 总体各单位标志变动程度　　B. 抽样组织方式
C. 点估计和区间估计　　D. 抽样方法
14. 下列直线回归方程中，可初步判断（　　）是错误的。
A. $y = 126 + 0.8x$，$r = 1.08$　　B. $y = -524 + 164x$，$r = 0.88$
C. $y = 666 - 12x$，$r = -0.81$　　D. $y = 533 - 146x$，$r = 0.81$
E. $y = 667 + 1.2x$，$r = -0.89$
15. 根据未分组数据计算描述统计量，若用函数运算则有两种方法，即（　　）。
A. 函数导入法　　B. 变量导入法
C. 数据分析法　　D. 描述分析法
E. 手工输入函数名称及参数

三、判断题（每小题 1 分，共 10 分）

1. 数据是对现象的符号表示，是用于表示现象的规模、水平或质量等，因此一般只能用数值表示。（　　）
2. 一项调查所采集的原始数据与统计调查报告所需要使用的数据并不一致。调查所获数据往往都与调查主题有关，但不一定都与统计调查报告的主题紧密相联。（　　）
3. 问卷主体是指问卷调查项目、回答问题的方式、回答问题的指导和注释等。它是问卷调查的核心内容。（　　）
4. 一个特定总体只可能有一个总体单位总量但可以有多个总体标志总量。（　　）
5. 简单算术平均数实际上是权数为 1 或权数相等的加权算术平均数。（　　）
6. 在其他条件不变的情况下，分布在变量值大的组的次数越多，平均数的数值越大。（　　）
7. 某公司的销售利润今年较去年增长了 4 倍，即翻了两番。（　　）
8. 若某公司报告期的商品销售量增长了 8%，相应的销售价格却下跌了 8%，则可判断该公司报告期的商品销售额保持不变。（　　）

9. 在样本容量相同的情况下，整群抽样的误差常常大于纯随机抽样的误差。 （ ）

10. 若 $y_c = 180 - 228x$ ，$r = 0.98$，则说明 x、y 之间存在高度的正相关关系。 （ ）

四、计算与分析（共 40 分）

1. 某企业 2014 ~2019 年销售收入的有关速度指标如下表所示：

年　　份	2014	2015	2016	2017	2018	2019
增长速度（%）	5	6	12	9	11	8

试计算该企业 2014 ~2019 年销售收入的平均增长速度。（10 分）

2. 某公司销售甲、乙两种商品的销售量报告期与基期比较：甲商品增长了 18%，乙商品减少了 3%；其基期相应的销售额分别为 1180 万元、960 万元。问：该两种商品销售量的变化致使报告期的销售额较基期增长了百分之几？因此而增减了多少销售额？（10 分）

3. 某农场共播种水稻 10 万亩，现随机抽取其中 100 亩进行产前估产，所得数据如下表所示：

按亩产量分组（千克）	抽查面积（亩）	计　算　栏				
400 以下	3					
400 ~ 500	9					
500 ~ 600	16					
600 ~ 700	33					
700 ~ 800	20					
800 ~ 900	11					
900 以上	8					
合　计	100					

要求：以 95.45% 的概率保证程度估计全部水稻的平均亩产量和总产量的可能范围。（20 分）

综合模拟试题三

一、单项选择题（每小题1分，共20分）

1. 虽然数据采集是从个体单位入手的，但其最终目的是为了由此去对（　　）做出评价。

A. 现象的总体　　B. 总体数量特征

C. 总体质量特征　　D. 总体发展趋势

2. 随机抽取某公司8名员工进行调查，获取其月工资额的数据分别为：8700、6700、5800、9300、6600、5200、9500、7800元。这些数字是（　　）。

A. 标志　　B. 指标

C. 变量　　D. 变量值或标志植

E. 变异

3. 课题是具有一定普遍意义且具有可操作性的典型问题，是有理论和实践价值的，是有一定科学理论依据和事实依据的，是具体的、明确的、新颖的、专业性的问题，更是（　　）。

A. 需要探究的问题　　B. 社会问题

C. 经济问题　　D. 科研问题

4. 统计报表中的各项统计数据均来源于（　　）。

A. 基层的各种原始记录　　B. 制造业原始记录

C. 事业单位原始记录　　D. 行政单位原始记录

5. 当变量的变动范围比较大，出现的次数比较多，且次数分布比较均匀，又有明显的集中趋势时，宜编制（　　）。

A. 等距数列　　B. 异距数列

C. 开口数列　　D. 难以确定

6. 正确统计总量数据的首要问题是要明确规定每项总量数据的（　　）。

A. 含义和范围　　B. 计量单位

C. 表现形式　　D. 计算方法

7. （　　）是集中趋势指标中最基本、最常用的一种平均数。

A. $\bar{x}$　　B. $\bar{x}_H$

C. $\bar{x}_g$　　D. M_e

E. M_o

8. 算术平均数与中位数、众数之间是存在着一定的关系的，当变量的次数右偏时，则三者的数值（　　）。

A. $M_0 = M_e = \bar{x}$　　B. $M_0 < M_e < \bar{x}$

C. $M_0 > M_e > \bar{x}$　　D. 难以确定

9. 某单位去年的平均工资为6000元，标准差为600元，今年的平均工资增长了20%，标准差增加到650元。该单位平均工资的标志变异程度（　　）。

A. 不变　　B. 增大

C. 无法比较　　D. 减小

10. （　　）是编制时间序列的基本原则。

A. 准确性　　B. 及时性

C. 全面性　　D. 可比性

11. 只有（　　）才能计算总量数据。社会经济统计调查研究的对象主要是（　　），因此，在社会经济统计中计算总量数据是有明确的、现实意义的。

A. 有限总体　　B. 无限总体

C. 全及总体　　D. 抽样总体

12. 平均发展速度虽然是各期环比发展速度的序时平均数，一般采用（　　）来计算。

A. 算术平均法　　B. 调和平均法

C. 几何平均法　　D. 首末折半法

13. 当时间序列的各期数值的（　　）大致相等时，即现象的变化趋势呈现抛物线形态时，可以考虑配合二次曲线模型。

A. 一级增长量　　B. 二级增长量

C. 一级增长速度　　D. 二级增长速度

14. （　　）就是报告期的总平均数与基期总平均数的比，它是平均指标因素分析的对象。

A. 可变指数　　B. 固定构成指数

C. 结构影响指数　　D. 平均法指数

15. （　　）主要有随意抽样、判断抽样和配额抽样等形式。

A. 概率抽样　　B. 非概率抽样

C. 等距抽样　　D. 非等距抽样

16. （　　）是所有统计调查都有可能存在、且难以计算和控制的误差。

A. 统计误差　　B. 系统误差

C. 随机误差　　D. 登记性误差

17. 由于总体指标是一个确定的量，抽样指标是一个随机变量，抽样指标可能大于总体指标，也可能小于总体指标。抽样指标与总体指标之差的绝对值可以表示抽样误差的可能范围。我们将这种以绝对值形式表示的误差的可能范围称为（　　）。

A. 抽样误差　　B. 抽样平均误差

C. 抽样可能误差　　D. 抽样极限误差

18. 在相关分析中，若只涉及两个变量间的相关关系，即一个自变量与一个因变量的关系，则称为（　　）。

A. 单相关　　B. 复相关

C. 直线相关　　D. 非直线相关

19. 若劳动生产率 x（万元）和员工工资 y（元）之间的回归方程为 $y_c = 10 + 60x$，这意味着劳动生产率每提高 1 万元，员工的工资平均（　　）。

A. 增加 60 元　　B. 减少 60 元

C. 增加 10 元　　D. 减少 10 元

20. 根据未分组数据计算描述统计量，若用函数运算则有两种方法：一是手工输入函数名称及参数。二是（　　）。

A. 函数导入法　　B. 变量导入法

C. 数据分析法　　D. 描述分析法

二、多项选择题（每小题 2 分，共 30 分）

1.《中华人民共和国统计法》第二条规定："统计的基本任务是对国民经济和社会发展情况进行（　　）"。

A. 统计调查　　B. 统计分析

C. 提供统计料资和统计咨询意见　　D. 实行统计监督

2. 统计数据的形式是多种多样的，其具体形式可表现为（　　）等。

A. 统计表、统计图　　B. 统计公报

C. 统计年鉴　　D. 统计手册

E. 统计分析报告

3. 调查单位是调查项目的承担者，可以是（　　）等。

A. 自然人　　B. 企业

C. 事业单位　　D. 物

4.《统计法》第十五条规定："统计调查表应当标明（　　）等标志"。

A. 表号　　B. 制定机关

C. 批准或者备案文号　　D. 有效期限

5. 问卷问题的排列顺序可以（　　）。

A. 按问题的类型排列　　B. 按问题的难易程度排列

C. 按问题的时间顺序排列　　D. 按问题的空间顺序排列

6. 统计调查报告是根据统计研究的目的和要求，运用访谈、问卷等调研手段就某项工作、某一事件、某个问题等进行数据采集、整理和分析研究后以（　　）等形式对调查结果写出的书面报告。

A. 文字　　B. 数字

C. 表格　　D. 图形

7. 无名数是一种抽象化的数值，一般以（　　）等表示。

A. 系数　　B. 倍数

C. 成数　　D. 百分数

8. 在社会经济统计中常用的集中趋势指标有（　　）等。

A. 算术平均数　　B. 调和平均数

C. 几何平均数　　D. 众数

E. 中位数

9. 时间序列的水平指标，包括（　　）等，该类指标应用于现象发展水平的分析。

A. 发展水平　　B. 平均发展水平

C. 增长量　　D. 平均增长量

10. 逐期增长量与累积增长量之间存在着一定的数量依存关系，其数量依存关系可表述为（　　）。

A. 各逐期增长量之和等于相应时期的累积增长量

B. 各逐期增长量之积等于相应时期的累积增长量

C. 两相邻时期累积增长量之差等于相应时期的逐期增长量

D. 两相邻时期累积增长量之差等于相应时期的逐期增长量

11. 从理论上讲，（　　）。

A. 各季度的季节指数之和应等于400%

B. 各季度的季节指数之和应等于100%

C. 各月份的季节指数之和应等于1200%

D. 各月份的季节指数之和应等于100%

12. 统计指数是反映社会经济现象数量变动的一种相对数。其性质可概括如下：

A. 相对性　　B. 综合性

C. 代表性　　D. 平均性

13. 编制商品零售物价指数时应注意的问题有（　　）。

A. 正确选择代表性商品　　B. 正确选择调查地区和调查点

C. 正确确定商品的价格　　D. 正确确定相应权数

14. 由于全及总体是唯一确定的，全及指标也是唯一确定的，常用的全及指标有（　　）等。

A. $\bar{x}$　　*B.* P

C. σ^2　　*D.* σ

15. Excel中主要的数据类型为（　　）。

A. 文本类型　　B. 数值类型

C. 逻辑类型　　D. 综合类型

三、判断题（每小题1分，共15分）

1. 统计研究现象总体数量特征的前提是总体各单位间的具体表现存在着差异，而且这种差异是诸多影响因素共同作用的结果。（　　）

2. 单一表是每张（套）调查表上只登记一个调查单位的有关信息，它能容纳较多的调查内容，便于进行统计分类、汇总、整理。（　　）

3. 拦截访问法是指调查者在路上或街道上随机拦截过往行人，就所要调查的问题与之面谈而采集数据的方法。（　　）

4. 问卷调查的目的仅是为了了解人们的社会心态。通过问卷调查，可以获得符合调查者需要的反映个体行为和态度等数据及其相关资料。（　　）

5. 开放型提问是指问卷上仅给出问题，但问题后不列出备选答案，回答问题也不做统

一规定，而是由被调查者根据自己的想法用文字表达意见、用指标说明问题。（　）

6. 在实际工作中，全面调查是不存在代表性误差问题的，但存在登记性误差；非全面调查既存在代表性误差问题，又存在登记性误差问题。（　）

7. 撰写统计调查报告，若引用别人的原话、原文时要加引号，再做上记号注明；若只援引他人的观点、结论但并非他人的原话、原文时，则不用引号，只需在其后作上记号注明即可。（　）

8. 在特定的分组标志条件下，总体中的任何一个单位只能归属于其中的某一个组，而不能同时归属于两个或两个以上的组。（　）

9. 一个总量数据常常在某种情况下表现为总体标志总量，在另一情况下则表现为总体单位总量。（　）

10. 发展速度可以用来说明现象发展变化的方向和程度。当发展速度的数值大于100%时，说明现象为增长趋势，同时也说明现象的发展趋势良好；当发展速度的数值小于100%时，说明现象为递减趋势，同时也说明现象的发展趋势走向衰落。（　）

11. 如果物价上涨5%，则现在的100元钱只值原来的95%。（　）

12. 若单位的工资总额增长了15%，但职工平均工资只增长5%，则意味着职工人数增长了10%。（　）

13. 在抽样推断中，所谓样本容量是指从总体中可能抽取的样本数目。（　）

14. 重复抽样抽条件下需要的样本单位数目总是比不重复抽样的多。（　）

15. 在直线回归分析中，x、y是对等关系，无须区分自变量和因变量。（　）

四、计算分析题（35分）

1. 两个茶叶专卖店销售某种茶叶的资料如下表所示：（15分）

茶叶等级	价格（元/千克）	销售额（万元）		计算栏			
		甲商店	乙商店				
一级	380	190	228				
二级	300	240	210				
三级	160	256	192				
合　计							

要求：

（1）计算两个茶叶商店已售茶叶的平均等级各为多少？（6分）

（2）计算两个茶叶商店已售茶叶的平均价格各为多少？（6 分）两者为何不同？（8 分）

2. 某公司今年上半年的销售利润和职工人数如下表所示，又知上年 12 月份的销售利润为 68 万元。试计算该公司各月份的劳动生产率、月平均劳动生产率和上半年的平均劳动生产率。（15 分）

	1 月	2 月	3 月	4 月	5 月	6 月	7 月
销售利润（万元）	70	78	86	96	98	118	128
月初职工人数（人）	42	46	48	52	50	54	58
劳动生产率（万元/人）							